铁 路 合 作 组 织

（铁 组）

国际旅客联运和铁路货物联运清算规则协约和清算规则

铁组委员会再版

（包括截至 2012 年 2 月 20 日的全部修改补充事项）

中 国 铁 道 出 版 社

2012 年·北 京

图书在版编目(CIP)数据

国际旅客联运和铁路货物联运清算规则协约和清算规则/铁道部国际合作司编. —2版. —北京:中国铁道出版社,2012.12
ISBN 978-7-113-15582-7

Ⅰ.①国… Ⅱ.①铁… Ⅲ.①国际运输—铁路运输—旅客运输—联合运输—货币结算—规则②国际运输—铁路运输—货物运输—联合运输—货币结算—规则Ⅳ.①F530.85-65

中国版本图书馆CIP数据核字(2012)第283152号

书　　名:国际旅客联运和铁路货物联运清算规则协约和清算规则
作　　者:铁道部国际合作司
审　　校:王国君　尹琼瑶

责任编辑:吴　军　　　**电话**:010-51873094
责任校对:张玉华
责任印制:陆　宁

出版发行:中国铁道出版社(北京市西城区右安门西街8号　100054)
印　　刷:北京铭成印刷有限公司
版　　次:2008年5月第1版　2012年12月第2版　2012年12月第1次印刷
开　　本:880 mm×1 230 mm　1/32　印张:4.5　字数:123千
书　　号:ISBN 978-7-113-15582-7
定　　价:30.00元

目　录

国际旅客联运和铁路货物联运清算规则协约

国际旅客联运和铁路货物联运清算规则

铁 路 合 作 组 织

（铁 组）

国际旅客联运和铁路货物联运清算规则协约

铁组委员会再版

（包括截至2012年2月20日的全部修改补充事项）

正式出版

2012年·华 沙

国际旅客联运和铁路货物联运清算规则协约修改补充事项一览表

修改事项由负责保证其正确和完整的人员列入。

修改事项顺号	修改补充事项所载议定书	协约修改补充事项	通知函件号码和日期	修改补充事项生效日期
1	2	3	4	5
1	常设工作组会议，2002 年 9 月 23—26 日，科希策	序言， 第 1 条第 1 项， 第 1 条第 2 项， 第 2 条， 第 4 条第 2 项， 第 8 条第 2 项， 第 8 条第 3 项	第 09/02 号 2002 年 12 月 2 日	2003 年 1 月 1 日
2	常设工作组会议，2004 年 3 月 2—5 日，华沙	附件 1	第 08/04 号 2004 年 5 月 10 日	2004 年 7 月 1 日
3	常设工作组会议，2004 年 9 月 7—10 日，第比利斯	附件 1	第 23/04 号 2004 年 11 月 15 日	2005 年 1 月 1 日

铁组委员会出版

00-681 华沙，霍扎街 63/67 号

电话：00(48-22) 657-36-24

传真：00(48-22) 621-94-17

e-mail: osjd@osjd. org. pl

e-mail: petkov@ osjd. org. pl

铁组财务和清算问题常设工作组编制

国际旅客联运和铁路货物联运清算规则协约

本协约附件1所载铁路(下称缔约铁路)达成协议如下：

第1条

1. 自1991年7月1日起，缔约铁路之间的清算根据国际旅客联运和铁路货物联运清算规则(本协约附件2，下称清算规则)办理。清算规则适用于按国际旅客联运协定(国际客协)和国际铁路货物联运协定(国际货协)运送票据办理的旅客、行李、包裹和货物的运送清算及提供的其他服务的清算。

清算规则是本协约不可分割的一部分。

2. 清算规则不得触及缔约铁路与其他铁路之间在这些铁路参加其他清算规则协约时的法律关系。

第2条

施行清算规则及其修改补充事项的通知，由每一缔约铁路按照本国法律和该铁路现行规章规定的程序办理。在施行清算规则及其修改补充事项的通知中应注明生效日期。

第3条

缔约铁路间的清算货币为瑞士法郎或有关铁路间按双边协议商定的他种可自由兑换货币。

第4条

1. 掌管清算规则的事务，在某一缔约铁路主动承担该项职务之前，由铁组委员会保证。

2. 办理有关适用本协约和清算规则事务时所使用的工作语文是铁组工作语文：中文和俄文。

第5条

1. 为了解决与掌管清算规则事务、修改补充本协约和清算规则有关的问题，铁组委员会可举办缔约铁路代表会议。

上述会议采用一致通过的原则通过决议。

如果不是所有缔约铁路的代表都参加了会议，会议可通过铁组委员会提请未参加会议的缔约铁路商定通过的决议。

应向未参加会议的各缔约铁路寄送会议议定书，同时将此事用电报或传真通知这些铁路。

如果自议定书寄出之日起 2 个月内，这些铁路对会议通过的决议未提出反对意见，则认为这些铁路赞同决议。

铁组委员会应将商定结果(有关修改补充事项生效或未通过)通知所有缔约铁路。此时，寄送通知的日期与修改补充事项生效日期之间的时间间隔不应少于 30 天。

2. 会议的筹备和组织由铁组委员会根据核准的铁组工作机构工作计划及缔约铁路的建议保证。

3. 缔约铁路关于适用、修改和补充清算规则协约和清算规则的提案，应在会议召开前 2 个月寄送铁组委员会，并同时寄送本协约各参加路。

铁组委员会提交会议审查的提案，应不迟于会议召开前 2 个月寄送各缔约铁路。

4. 各路代表参加修改补充清算规则协约和清算规则的会议时，必须持有相应缔约铁路的授权证书。

第 6 条

1. 本协约不妨碍有关缔约铁路间缔结关于各铁路在办理国际铁路客、货联运清算时的相互关系问题方面的双边或多边协约和协议。

2. 本协约和清算规则在所有缔约铁路一致同意下，可以修改和补充。

对修改补充事项编写议定书，议定书是本协约不可分割的部分。

第 7 条

其他铁路可以加入本协约。

新铁路请求加入本协约时，铁组委员会应将上述情况通知所有缔约铁路，如果自提出请求之日起 2 个月内铁组委员会未收到缔约铁路的反对意见，则视为业已加入。

第 8 条

1. 每一缔约铁路可通过通知铁组委员会和其他各缔约铁路的办法终止参加本协约。

2. 有关缔约铁路终止参加本协约事宜自铁组委员会收到上述通知之日起 3 个月期满后的下一日历年度 1 月 1 日起生效。这时，寄送终止参加本协约的意向通知书的铁路与其他缔约铁路之间在终止参加协约前应当履行本协约产生的所有义务，并解决已经产生的争执和分歧。

3. 如果终止参加本协约的铁路参加的与本协约有关的其他协约和

协议未作另行规定，则终止参加本协约不涉及自动终止该铁路参加上述协约和协议。

第9条

1. 本协约的缔结，不固定期限，自签字之日起生效。

第10条

1. 本协约交由铁组委员会保存，铁组委员会履行本协约保存人的职能。

2. 每一缔约铁路可领取一份由铁组委员会确认无误的本协约副本。

本协约用中文、德文和俄文于1991年4月12日在华沙写成，一式三份。

上述文本具有同等效力，在本协约和清算规则条文解释上发生分歧时，以俄文文本为准。

保加利亚国家铁路（保铁）代表

洛赞诺夫·伊万

中国铁路（中铁）代表

殷　悦

朝鲜铁路（朝铁）代表

裴京天

蒙古铁路（蒙铁）代表

巴特萨伊汉·云顿金

波兰铁路（波铁）代表

斯佩哈利斯基·阿利炳

罗马尼亚铁路（罗铁）代表

季马·尼科莱

苏联铁路（苏铁）代表

马拉什科·列奥尼德

捷克斯洛伐克铁路（捷铁）代表

皮特尔·约瑟夫

附件 1

清算规则协约参加铁路及其加入清算规则协约日期一览表

“阿塞拜疆铁路”封闭型股份公司(阿[塞]铁)　2009 年 7 月 20 日

(自 1995 年 8 月 8 日至 2009 年 7 月 20 日为阿塞拜疆国家铁路,阿[塞]铁)

白俄罗斯铁路(白铁)　1992 年 6 月 5 日

“保加利亚国家铁路”股份公司(保铁)　2002 年 1 月 1 日

(自 1991 年 7 月 1 日至 2001 年 12 月 31 日为保加利亚国家铁路[保铁])

“匈牙利国家铁路”股份公司(匈铁)　1993 年 12 月 1 日

越南铁路(越铁)　2003 年 7 月 1 日

(自 1996 年 2 月 29 日至 2003 年 6 月 30 日为越南铁路[越铁])

“格鲁吉亚铁路”有限责任公司(格铁)　1999 年

(自 1997 年 3 月 10 日至 1998 年为格鲁吉亚铁路司[格铁])

“哈萨克斯坦铁路”国有股份公司(哈铁)　2004 年 4 月 2 日

(自 1994 年 7 月 15 日至 1997 年 1 月 31 日为哈萨克斯坦共和国铁路[哈铁];

自 1997 年 2 月 1 日至 2002 年 5 月 14 日为“哈萨克斯坦铁路”国家企业[哈铁];

自 2002 年 5 月 15 日至 2004 年 4 月 1 日为“哈萨克斯坦铁路”国有股份公司[哈铁])

中国铁路(中铁)　1991 年 7 月 1 日

朝鲜民主主义人民共和国铁路(朝铁)　1991 年 7 月 1 日

“国有吉尔吉斯斯坦铁路公司”国家企业（吉铁）

2005 年 5 月 24 日

（自 1995 年 8 月 5 日至 2005 年 5 月 23 日为吉尔吉斯斯坦铁路[吉铁]）

“拉脱维亚铁路”国家股份公司（拉铁）　　　　1992 年 6 月 5 日

“立陶宛铁路”股份公司（立铁）　　　　2001 年 6 月 29 日

（自 1992 年 6 月 5 日至 1995 年 7 月 17 日为“立陶宛铁路”国家企业[立铁]；

自 1995 年 7 月 18 日至 2001 年 6 月 28 日为“立陶宛铁路”专业化股份公司[立铁]）

“摩尔多瓦铁路”国家企业（摩铁）　　　　1992 年 6 月 5 日

蒙古铁路（蒙铁）　　　　1991 年 7 月 1 日

“波兰国家铁路”股份公司（波铁）　　　　2001 年 1 月 1 日

（自 1991 年 7 月 1 日至 2000 年 12 月 31 日为波兰国家铁路[波铁]）

“俄罗斯铁路”股份公司（俄铁）　　　　2003 年 10 月 1 日

（自 1991 年 7 月 1 日至 1992 年 3 月 31 日为苏联铁路[苏铁]；

自 1992 年 4 月 1 日至 2003 年 9 月 30 日为俄罗斯铁路[俄铁]）

罗马尼亚国有铁路货运股份公司（罗[货]铁）　　2003 年 10 月 1 日

（自 1991 年 7 月 1 日至 1998 年 9 月 30 日为罗马尼亚国有铁路公司[罗铁]；

自 1998 年 10 月 1 日至 2003 年 9 月 30 日为罗马尼亚国家铁路国有公司[罗铁]）

“斯洛伐克铁路货运”股份公司（斯[货]铁）　　2005 年 1 月 1 日

（自 1991 年 7 月 1 日至 1992 年 12 月 31 日为捷克斯洛伐克铁路[捷铁]；

自 1993 年 3 月 15 日至 2001 年 12 月 31 日为斯洛伐克共和国铁路[斯铁]；

自 2002 年 1 月 1 日至 2004 年 12 月 31 日为布拉迪斯拉发铁路股份

公司，斯[股]铁）

塔吉克斯坦铁路(塔铁) **1995年8月5日**

"乌兹别克斯坦铁路"国家铁路股份公司(乌[兹]铁)

1999年10月25日

乌克兰国家铁路管理总局(乌[克]铁) **1992年6月5日**

"捷克铁路"股份公司(捷铁) **2003年1月1日**

（自1991年9月1日至1992年12月31日为捷克斯洛伐克铁路[捷铁]；

自1993年1月1日至2002年12月31日为捷克铁路国家机构[捷铁]）

"爱沙尼亚铁路"股份公司(爱铁) **1997年10月2日**

（自1992年6月5日至1997年10月1日为爱沙尼亚铁路[爱铁]）

铁 路 合 作 组 织
(铁　　组)

国际旅客联运和铁路货物联运清算规则

自1951年11月1日起生效

铁组委员会再版
(包括截至2012年2月20日的全部修改补充事项)
正式出版

2012年·华 沙

国际旅客联运和铁路货物联运清算规则修改补充事项一览表

修改事项由负责保证其正确和完整的人员列入。每项修改均有签字确认。

修改事项顺号	修改补充事项所载议定书	规则修改补充事项	通知函件号码和日期	修改补充事项生效日期
1	2	3	4	5
1	常设工作组会议，2002年9月23—26日，科希策	第4.6项	第09/02号 2002年12月2日	2003年1月1日
2	常设工作组会议，2003年3月11—14日，华沙	第1.8、2.1.1.6、2.1.2.1、2.3.1、2.5.1、4.1.3、4.3项	第10/03号 2003年5月20日	2003年6月1日
3	常设工作组会议，2003年9月8—11日，瓦尔纳	第2.1.2.1、4.1.2、4.2、4.3、4.5、6.2项，格式8、9、10、10之1	第17/03号 2003年11月20日	2004年1月1日
4	常设工作组会议，2004年3月2—5日，华沙	第2.4、2.7、3.1、4.1.2、4.1.3、4.2、4.3、4.6、6.2项，附件2、附件4	第08/04号 2004年5月10日	2004年7月1日
5	常设工作组会议，2004年9月7—10日，第比利斯	第1.2、1.4.2、1.5、1.6、1.7、2.1、2.1.1.1、2.1.2.1、2.5、2.5.2、2.10、3.2、4.3、4.5、4.6项，附件2、附件4	第23/04号 2004年11月15日	2005年1月1日
6	常设工作组会议，2005年2月22—25日，华沙	第1.2、1.4.1、1.6、2.1.1.1、2.2.1.5、2.5.1、2.6、2.7、2.8、2.12、3.2项	第14/05号 2005年5月5日	2005年7月1日
7	常设工作组会议，2005年9月27—30日，华沙	第1.2、1.4.2、2.3.4、2.8、2.9、2.10、2.11、2.12、2.13、2.15、3.1、3.2.3、4.1.3、4.3项附件2	第34/05号 2005年12月20日	2006年2月1日

续上表

修改事项顺　　号	修改补充事项所载议定书	规则修改补充事项	通知函件号码和日期	修改补充事项生效日期
1	2	3	4	5
8	常设工作组会议，2006年2月28日—3月2日，华沙	第1.6、2.1.1.2、2.6、2.10、2.17、3.2.3、4.1.3、4.5、4.6项 附件2	第16/06号 2006年5月15日	2006年6月15日
9	常设工作组会议，2006年9月26—29日，华沙	第1.1、1.4.1、1.6、2.8、4.3、4.4、4.5、4.6项 附件2	第26/06号 2006年12月5日	2007年1月5日
10	常设工作组会议，2007年2月27日—3月1日，华沙	第1.4.1、1.4.3、2.1.2.2、2.1.2.3、2.1.2.5、2.2.1.7、2.4、2.5.2项 新增第2.5.3项、 第2.7、4.2、4.3、4.5、6.1项	第PRGF-11/07号 2007年5月7日	2007年6月7日
11	常设工作组会议，2007年11月20—22日，华沙	第1.2、1.4.2、1.7、2.1.1.1、2.1.1.2、2.1.1.4、2.1.2.1、2.1.2.6、2.1.4、2.2.1、2.4、4.2、4.3、4.4、4.5、4.6、4.7项	第PRGF-1/08号 2008年1月25日	2008年2月25日
12	常设工作组会议，2008年3月3—5日，华沙	第2.1.2.3、2.1.2.6、2.5.2、3.2.2(新增)，第3.2项(3.2.1-3.2.4)改变序号、第3.2.3、4.1.2、4.1.3、4.5.3项	第PRGF-21/08号 2008年5月12日	2008年6月12日
13	常设工作组会议，2008年10月21—23日，华沙	第2.1.1.1、2.2.1、4.5.3项，格式21	第PRGF-02/98 2009年1月15日	2009年2月15日
14	常设工作组会议，2009年3月3—5日，华沙	第1.4.1、3.1、4.1.3、2.1.2.1、2.5.1项 附件5	第PRGF-16/09 2009年5月13日	2009年6月15日
15	常设工作组会议，2009年11月3—5日，华沙	第2.1.2.2项	第PRGF-32/09 2009年11月12日	2010年1月1日
16	常设工作组会议，2009年11月3—5日，华沙	第2.1.1.4、1.2、1.4.2、2.8、2.13、2.17、2.18项，第4条，附件1(第4项)、附件4	第PRGF-01/10 2010年1月15日	2010年2月15日

续上表

修改事项顺　　号	修改补充事项所载议定书	规则修改补充事项	通知函件号码和日期	修改补充事项生效日期
1	2	3	4	5
17	常设工作组会议，2010年3月2—4日，华沙	第2.1、1.4.1项、第2项（改变序号）、第2.1.3、2.1.4项、附件2—新格式23，第2.5.1、2.1.2.1项	第PRGF-15/10 2010年5月14日	2010年6月15日
18	常设工作组会议，2010年11月2—5日，华沙	附件4、附件5—援引序号变为第2.4项、格式7（删除）、格式6、第2.20、2.8.2、2.14.2、3.2项，格式10之1，第3.23、2.9、1.7项	第PRGF-02/11 2011年1月14日	2011年2月15日
19	常设工作组会议，2011年3月1—3日，布列斯特，白俄罗斯共和国	第1条（新条文），第1.4.2、1.4.3、2.8.1、4.2.3、4.4、4.7.1、4.7.2项	第PRGF-19/11 2011年5月30日	2011年7月1日
20	常设工作组会议，2011年10月18—20日，华沙	第2.4项，格式23	第PRGF-02/12 2012年1月18日	2012年2月20日

国际旅客联运和铁路货物联运清算规则

1 总　　则

清算规则适用的术语和定义：

相互清算核对记录——证明协约方之间截至某一日期的相互清算状况的文件。

需经签认的清算办法——需支付人书面同意按清算单据支付款额的清算办法。

不经签认的清算办法——无需支付人书面同意支付清算单据款额的清算办法。

对账单——由协约方根据清算单据，按照清算规则的清算项目编制的截至每月最后一日的单据。

支付货币——用以实际支付收支差额的货币。

清算货币——用以表示所有清算款额的货币。

支付日期——收支差额汇入债权路银行账户的日期。

清算结算中央事务局汇率——由布鲁塞尔清算结算中央事务局确定的欧元与其他外汇的对比汇率。

折算汇率——用一种货币表示的另一种货币的价格。它通过外汇市场牌价确定或由国家主管机关规定。

报告月——清算单据共计款额列入对账单或结算表的月份。

清算期——提供服务的月份。

付款逾期罚金——与未履行合同义务相关的罚金制裁。

支付(结算)表——根据对账单编制的确定收支差额的单据。

收支差额——应在规定期限支付的相互清算的共计款额。

结算表——由一协约方根据清算单据，按清算项目编制的确定收支差额的相互清算总结性单据。

1.1　清算的根据

铁路合作组织(铁组)参加路间进行清算的根据是本规则及铁组参加路缔结或通过的多边或双边协定、协议和决议。

1.2　清算项目

各路间办理清算的费用项目：

——客票；

——卧铺票；

——行李和包裹运送费用；

——货物运送费用；

——客车和行李车走行费；

——货车使用费；

——集装箱滞留费；

——国境站货物换装和货车换轮费；

——货物加固费；

——客车换轮费；

——1 435 mm 轨距货车转向架使用费；

——国境站间交接列车服务费；

——过境列车走行费；

——租用机车、提供调车作业机车、提供特种车辆以及国境站为他路完成的其他服务和作业的费用；

——车辆洗刷、消毒费(货车规则有规定的情况下)；

——机车车辆、集装箱、运送用具和其他运输技术器材的毁损或灭失，以及篷布和其他运送用具的滞留费；

——赔偿请求；

——卧车和坐卧车列车员在国境站的交款；

——未及时支付结算表和支付(结算)表款额而产生的利息；

——提供技术文件和专家派遣费；

——多边或双边协定、运价规程和其他决议规定的而上述未列载的其他服务费。

1.3 清算机构

清算由本规则附件 1 所列的各铁路清算机构办理。

1.4 清算办法

1.4.1 不经签认手续办理的清算

下列费用可不经签认手续将款额列入定期结算表或对账单办理清算：

——客票；

——卧铺票；

——行李和包裹运送费用；

——客车和行李车走行费；

——货物运送费用；

——货车使用费；

——集装箱滞留费；

——客车换轮费；

——1 435 mm 轨距货车转向架使用费；

——卧车和坐卧车列车员在国境站的交款；

——根据铁路协议提供的其他服务的费用。

相邻铁路国境站编制和确认的账单及费用表的款额，也可不经签认手续列入定期结算表或对账单中。

用这些账单办理下列费用的清算：

——国境站的货物换装和货车换轮费；

——货物加固费；

——交接列车服务费；

——租用机车、提供调车作业机车、提供专用车辆以及国境站为他路完成的其他服务和作业的费用；

——根据铁路协议由相邻国境站提供的其他服务的费用。

账单和费用表由债权路国境站编制一式四份，由两路国境站签字并加盖国境站戳记确认。

每一铁路各得账单和费用表 2 份。

如在提出的账单中发现不符，应根据债权路国境站编制并有两路国境站签字和戳记确认的补充账单，对清算进行更正。

1.4.2 需经签认手续办理的清算

下列费用需经签认手续列入定期结算表或对账单办理清算：

——机车车辆、集装箱、运送用具和其他运输技术器材的毁损或灭失，以及篷布和其他运送用具的滞留费；

——赔偿请求；

——重新计算表和补充清算表；

——根据特别协议由铁路提供的服务的费用；

——车辆洗刷、消毒费(货车规则有规定的情况下)；

——未及时支付结算表和支付(结算)表款额而产生的利息。

1.4.3 清算的检查

接到清算单据的铁路应对清算单据进行检查，一旦发现按清算单据计算的款额和实际应付的款额有出入，应编制重新计算表或补充清算表，并将其寄给编制清算单据的铁路 2 份。

根据有关铁路间的协议，重新计算表或补充清算表也可寄送 3 份。

重新计算表和补充清算表的审核，按本规则第 3 项规定的办法办理。

1.5 编制和提出清算单据的期限

本规则所规定的清算表、账单的编制和提出权的有效期为 1 年，从完成作业或提供服务月次月 1 日起计算；对机车车辆或其他运输器材灭失和毁损的清算，从交接该器材月次月 1 日起计算。

债权方提出清算表或账单的函件上所记载的日期即为提出清算表或账单的日期。国境站编制的账单，以确认账单的车站戳记日期作为账单编制日期。

1.6 清算单据的编制

清算单据和同其有关的往来函件用发送国语文编制，并译成铁组一种正式语文（中文、俄文），即：

——对白俄罗斯共和国、保加利亚共和国、匈牙利共和国、哈萨克斯坦共和国、吉尔吉斯共和国、拉脱维亚共和国、立陶宛共和国、摩尔多瓦共和国、蒙古、波兰共和国、俄罗斯联邦、罗马尼亚、斯洛伐克共和国、塔吉克斯坦共和国、乌克兰、捷克共和国、爱沙尼亚共和国、格鲁吉亚、阿塞拜疆、乌兹别克斯坦铁路应附俄文译文；

——对越南社会主义共和国、中华人民共和国和朝鲜民主主义人民共和国铁路应附中文或俄文译文。

清算单据应编制得清楚准确，可用易认的笔迹手写，也可用打字机或计算机打出，并将办理运送或提供服务按月分开。

如在某一联运中个别月份内未发生旅客、行李和包裹的运送，因而未编制客票、卧辅票、行李和包裹的清算表，则各路应按照本规则中规定的寄送这些清算表的期限互相通知这一情况。

1.7 清算单据的寄送

清算单据及其往来函件，可用传真、电子邮件或各方商定的任何其他形式发送，且必须通过邮局按本规则附件 1 所载的地址寄送。

寄送清算单据时应编制随附函，在将款额列入对账单或结算表时注明函号和日期。

用电子版发送的清算单据应用 EXCEL、TXT 或 WORD 格式编制。清算单据随附函应有全权负责人的签字，并发送扫描版。

通过传真、电子邮件或各方商定的任何其他形式寄送的清算单据和随附函，应与通过邮局寄给铁路的原件完全一致。

根据未收到清算单据的铁路的书面要求，编制清算单据的铁路应寄送这些单据的副本或确认无误的复印件。

距离超过 2 000 公里的函件，应通过航空邮寄。

1.8 清算单据的保存期限

清算单据及其往来函件自其编制之日起应至少保存 2 年。在两年期间内,每一铁路都有权向另一铁路调取这些单据。有争议问题的清算单据及其往来函件,应一直保存到争议问题得到解决之时。

调取的单据应在收到之日起的 2 个月内退还。

2 清　　算

2.1　客票的清算

2.1.1　清算表的编制

客票的清算，根据格式 1、1 之 4 或 1 之 5 清算表办理。清算表由发送路按下列票据分别编制：

——卡片客票；

——全部事项印就的册页客票；

——补充册页客票；

——用于专运的补充客票和印制客票；

——大型售票机打印的客票；

——补加费收据。

根据各有关路商定，向参加运送的每一铁路寄送 1 份或 2 份清算表：

——用电子方法办理的清算表不晚于发售月份次月 20 日寄送；

——手工办理的清算表应于发售月份以后的第 1 个月 20 日以前寄送。

格式 1 清算表按手工办理的客票进行编制。铁路售票处和机构售出的客票，应分别编制单独的清算表。

格式 1 之 4 或 1 之 5 清算表，根据铁路上采用的电子售票系统在清算中使用。

编制清算表的方法如下：

格式 1 清算表

卡片客票和印制的册页客票，应按发站和到站的站名字母顺序填入格式 1 清算表。补充册页客票和补加费收据按发站和售票处名称的字母顺序，并按各售票处售出客票的号码顺序填写。使用售票机办理的乘车票据的清算，与卡片客票的清算相同。

印制的往返程客票，在格式 1 清算表第 5 栏内标明“往返”字样。如果分别发售往程和返程客票，则在格式 1 清算表第 5 栏内分别注明往程和返程。

关于运送旅客人数的清算资料，以分数形式记载：分母为成年人数，分子为小孩人数。

对提供减成的客票，应在格式1清算表第5栏内注明减成额。这也适用于补加费收据。

对补加费收据，除格式1清算表的事项外，还应在第5栏内作出下列记载：

改乘高等车时——“改乘高等车”；

变更乘车经路时——“变更经路”；

带狗时——“狗”。

在格式1清算表中填列变更经路的补加费收据时，应写明原经路和变更后的经路。

对其他铁路售出的客票办理变更经路的补加费收据时，应按下列方式办理清算：

——如总票价超过原售客票票价，则办理补加费收据的售票站应核收客票原票价与最终计算价之间的差价。办理补加费收据的铁路应编制清算表，并将该清算表的款额列入结算表或对账单原售票铁路收益项下，以便按最初办理的乘车票据在参加运送的铁路间继续进行再清算。办理变更经路补加费收据的铁路应将清算表寄送旅客运费发生改变的铁路备查。

——如总票价未超过原售客票票价，则办理补加费收据的铁路应编制记账清算表，并将其寄送给原售票铁路，以便根据补加费收据对最初办理的乘车票据在参加运送的铁路间继续进行再清算，并将此事通知所有经由路。

所产生的差价按提出赔偿请求的程序退还旅客。

变更经路补加费收据清算表的填写方法与客票清算表填写方法相同。

根据铁路间的协议，也可采取其他方法将客票记入格式1清算表。

格式1之4清算表

清算表中的事项按下述选分：

——办理路(到达路)；

——为其编制清算表的铁路；

——清算月(该月名称)；
——办理月；
——办理点类别(按铁路车站和机构分开)；
——到站；
——客票号码。

最后三项按号码递增顺序填写。必要时,参加路间可签订关于事项填写办法的专门协议。

2.1.2 对乘坐包车和专列发售的客票的清算办理

对乘坐包车和专列发售的客票,应按第2.1.1项规定的期限编制单独的格式1或1之4或1之5清算表。在该清算表的标题上注明“专运”。每次记载时,在清算表内注明开行专列或包车所依据的命令号码和日期,即:在格式1清算表第5栏内标注,在格式1之4清算表内用备注表示。

2.1.3 席位预订费的清算办理

对预留席位,仅为预留席位的铁路按照格式1或1之4或1之5编制清算表。

车站和机构按字母或号码顺序填列。预订单号码按递增顺序填列。

扣除额列于清算表末尾。

2.1.4 按客票向旅客退还乘车费用的清算办理

如旅客于乘车开始之前,在客票有效期内将客票退还售票处,则退还旅客的票款,应从格式1或1之4或1之5清算表的共计额中扣除。在清算表中扣除上述款额应在本规则第2.1.1项规定的最初清算之后的6个月内办理。

同时,应填写清算表各栏,并注明客票原列清算表的月份。

2.1.5 按旅客的赔偿请求办理的清算调整

铁路间对向旅客退还乘车费用的清算,根据单独的清单办理。

同时：

——由处理路单独满足的赔偿请求清单中，应载明下列事项：

• 票号；
• 客票发售月份；
• 每一赔偿请求的款额（瑞士法郎）；
• 合计款额（瑞士法郎）。

——由其他路认赔的赔偿请求清单中，应载明下列事项：

• 清单编制月份；
• 认赔路函号；
• 每一赔偿请求的款额（瑞士法郎）；
• 合计款额（瑞士法郎）。

将清单的合计款额列入结算表或对账单。

上述清单可单独寄送，或随同售出客票清算表寄送。清单应在旅客提出赔偿请求之后的两个月内编制。

根据有关铁路之间的协议，已经满足的赔偿请求的款额，也可根据认赔路的函件并注明函号直接列入结算表或对账单。

2.1.6 发售客票机构的代售提成

按国际客价运价发售乘车票据时，发售国际联运客票的铁路可扣除5%的代售提成，作为办理这种发售业务的机构的收益，按东—西方运价发售时，扣除10%。今后，代售提成的比例可由有关铁路之间商定。在清算表末尾相应减少付给参加运送铁路的款额。

2.2 卧铺票的清算

2.2.1 清算表的编制

售给旅客乘坐另一铁路卧车和坐卧车的卧铺票，按格式1之1清算表进行清算。

车辆所属路（白、越、哈、中、朝、吉、拉、立、蒙、摩、俄、塔、乌[克]、爱各路除外），应根据列车员向旅客收回并转交自路的卧铺票，编制格式1之1清算表，并填写表内各栏，然后连同卧铺票寄给卧铺票发售路。当使用卧车的旅客人数少于卧铺票上所载的人数时，卧铺票票价仅根据实际提供的服务进行清算。

通过电子预留系统办理的卧铺票，根据格式1之2清算表进行清算。寄给中、朝、蒙三路的格式1之2清算表，应附上已售卧铺票号码清单。

白、越、哈、中、朝、吉、拉、立、蒙、摩、俄、塔、乌(克)、爱各路同其他各路间对手工方法办理的卧铺票的清算，按卧铺票存根办理。

格式1之1清算表，由卧铺票发售路编制，并于发售月次月的20日以前寄送给车辆所属路1份。

格式1之2清算表，由卧铺票发售路编制，并于发售月次月的20日以前寄送给车辆所属路1份。

如发现按卧铺票存根有未算给车辆所属路的款额，则该路应编制格式1之1清算表，将其连同列车员向旅客收回的卧铺票寄给本项内未指名的发售这些卧铺票的铁路，按不经签认手续进行清算。编制补充清算表的车辆所属路加算按卧铺票存根未计算的全部款额的5%的手续费，作为自路收益。

如卧铺票发售处误向旅客核收了高于或低于运价的卧铺票价，各路间应一概按运价规程规定的卧铺票价进行清算。

卧车所属路只有权向卧铺票发售路索取同卧铺票面所载车辆种类与等级相当的卧铺费。此规定也适用于售出卧铺票的车厢种类和等级与挂入列车编组中的卧车不符的情况。

2.2.2 乘坐非卧铺票面所载铁路车辆时的清算办理

当旅客乘坐的不是卧铺票上所载铁路的车辆时，白、中、拉、立、蒙、摩、俄、乌(克)、爱各路同其余各路间的清算，根据格式1之1清算表和列车员向旅客收回的卧铺票办理，车辆所属路将卧铺票连同格式1之1清算表寄给卧铺票上原载的铁路。如卧铺票上未载明车辆所属铁路，则编制格式1之1清算表，并连同卧铺票寄给发售卧铺票的铁路。

适用该清算办法不得与所采用的运价规程和协议条款相矛盾。

当旅客乘坐的不是OPEN卧铺票上所载铁路的车辆时，发售路与车辆所属路之间的清算应根据重新办理的卧铺票进行，重新办理的卧铺票按OPEN卧铺票上所载的价格列入格式1之1清算表。同时在清算表上应添附原卧铺票和新卧铺票复印件，并记载重新办理一事，以作为证明文件。

2.2.3 运行途中摘下车辆时的清算办理

在运行途中摘下车辆且旅客乘坐的是其他铁路的车厢时，参加运送的铁路间对卧铺费的清算按格式1之1清算表，并根据运价里程和办理卧铺票时收取的款额按比例进行。

如果售出的卧铺票是供乘坐按向旅客收回的卧铺票办理清算的铁路的车厢，应由运送旅客并收回卧铺票的最后一个车辆所属路，为参加运送的车辆所属路编制格式1之1清算表。格式1之1清算表，连同向旅客收回的卧铺票，寄送给发售卧铺票的铁路，清算表的副本，连同卧铺票复印件，寄送给参加运送的其他车辆所属路。发售卧铺票的铁路，根据收到的格式1之1清算表和所附的卧铺票，与参加运送的各车辆所属路办理清算。

如果售出的卧铺票是供乘坐按卧铺票存根办理清算的铁路的车厢，应由运送旅客并收回卧铺票的最后一个车辆所属路，为参加运送的各车辆所属路编制格式1之1清算表。格式1之1清算表，连同向旅客收回的卧铺票，寄送给卧铺票上所载的铁路(收到卧铺票款的铁路)，清算表的副本，连同卧铺票复印件，寄送给参加运送的其他车辆所属路。

卧铺票上所载的铁路，根据格式1之1清算表及所附的带有车辆所属路乘务员记载的卧铺票，与参加运送的各车辆所属路办理清算。

2.2.4 用座席车代替摘下的卧车时的清算办理

根据铁组成员铁路间现行的多边或双边协定和协议，如果用座席车代替摘下的卧车或按其他办法解决该问题，则应根据乘务书和卧铺使用通知单(运行报单)或检查单的副本并按本规则第2.2.3项所规定的办法办理清算。

2.2.5 补加费收据的清算

办理卧铺票补加费收据的铁路，按格式1之1清算表，同办理卧铺票所乘车辆的所属路进行清算。卧铺票补加费收据清算表的编制办法和寄送期限由第2.2.1项规定。

2.2.6 退还旅客卧铺票款的清算办理

按卧铺票存根办理清算时，对在乘车开始以前在发售地退还给旅客的未使用的卧铺票款额，应按格式1之1单独编制清算表，同时应填写该清算表的各栏，并注明原清算月份。该清算表上添附未使用的卧铺票。将未使用的卧铺票款额列入清算表，应在按本规则第2.2.1项办理的原清算之后的六个月内进行。

2.3 旅客联运中已售出乘车票据重新计算表的编制

在格式1、1之1、1之2、1之4、1之5清算表中发现有出入时，由有关路编制格式1之3重新计算表。

重新计算表应寄送2份，并按本规则第3项规定的办法和期限审核。

2.4 按旅客关于退还乘车费用的赔偿请求办理的清算

各铁路间按已满足的旅客关于退还乘车费用的赔偿请求进行的清算，根据满足赔偿请求的铁路的函件办理。

赔偿请求审查路的函件应包含下列信息：函号和日期、乘车票据号、发售乘车票据的月份、用运价货币表示的每一乘车票据的款额。

收到赔偿请求的铁路对其进行审查，并将结果通知最初寄送赔偿请求的铁路，包括发至商定的电子邮箱地址。同时，已收到的赔偿请求原件及所有单据应寄送给下一个相关铁路，以便继续审查。最后一个审查赔偿请求的铁路应将所有单据正本返还最初寄送赔偿请求的铁路：

——如果乘车票据完全未使用，则应在收到赔偿请求之日起1个月内返还；

——如果乘车票据在运行途中某一区段部分未使用，或者赔偿请求需要由该铁路分支机构另行审查，则应在收到赔偿请求之日起2个月内返还。关于退还已付款额的要求应由铁路的相应记载证明（国际客协第29条）。审查结果应通知寄送赔偿请求的铁路，包括通过商定的电子联系方式寄送。

按赔偿请求签认的款额：

——应由铁路根据满足赔偿请求的铁路的函件列入对账单；

——由编制结算表的铁路列入结算表。

如果审查所收到的赔偿请求时需另行查明情况,则收到赔偿请求的铁路应书面通知关于延长审查期限事宜。审查赔偿请求的期限不应超过收到赔偿请求之日起的 2 个月。

2.5 行李和包裹运送费用的清算

2.5.1 清算表的编制

行李和包裹运送费用根据格式 2 或 2 之 1 清算表进行清算。清算表由发送路按下列种类分别编制:

——行李;

——属于旅客的包裹;

——不属于旅客的包裹。

清算表应于办理运送票据月份后的第 1 个月 20 日以前寄送给每一参加运送的铁路 1 份,或按有关路间的商定寄送 2 份。

清算表按每一到达路和每一过境路分别编制。各批按到站站名字母顺序或号码顺序填写,在这些车站范围内按发站站名字母顺序或号码顺序并按发送日期的先后依次填写。

在格式 2 或 2 之 1 清算表中,填写参加运送的铁路实际应得的行李和包裹运送费用。

格式 2 之 1 清算表,根据有关路间的特别协议在清算中使用。

格式 2 清算表

对属于旅客的包裹或不属于旅客的包裹,应在格式 2 清算表的标题中“发送包裹”字样的下面增加“属于旅客的”或“不属于旅客的”字样。对属于旅客的包裹,还应在包裹报单号码下面,注明旅客托运包裹时所提出的客票号码和票符。

根据铁路间的协议,各批行李或包裹也可按到站或到达路(铁路局)填入格式 2 清算表内,同时对每一车站或铁路(铁路局)分页填制清算表。

格式 2 之 1 清算表

清算表中的事项按下述选分:

——到达路;

——为其编制清算表的铁路；

——清算月（该月名称）；

——办理月；

——发站；

——到站；

——行李票或包裹票号码。

最后三项按号码递增顺序填写。

必要时，参加路间可签订专门协议。

2.5.1.1 退还给行李或包裹发送人的款额的清算办理

托运的行李或包裹，如在发送前从发站领回，则退还给行李或包裹发送人的款额，应从格式 2 清算表的共计额中扣除，同时应填写该清算表的各栏，并在附注中注明行李票或包裹票原列清算表的月份。

2.5.1.2 铁路公务包裹运送费用的清算办理

根据铁组约－113 备忘录规定按包裹运送的公务文件，列入格式 2 清算表内，并注明“铁路公务包裹，免费”，而在格式 2 之 1 清算表中，则注明单独的编码。

2.5.1.3 拾物运送费用的清算办理

根据拾物运送规则办理的拾物运送费用的清算，按下述办法办理：

格式 2 清算表

——发送路根据按拾物办理的包裹票编制格式 2 清算表，在清算表中不注明运送费用，而记载“拾物”字样。

——到达路编制格式 2 清算表，同时在其中确定参加运送的每一铁路的运送费用款额，并注明“拾物，补充清算”字样。

格式 2 之 1 清算表

拾物以特殊编号列入清算表内。发送拾物的铁路与各参加路清算发送费用，并将总额记入到达路借方项下。

2.5.1.4 滑雪板运送费用的清算办理

按行李或包裹办理成副滑雪板的运送时，应在格式 2 清算表第 7 栏该批计费重量的下面注明“滑雪板”。

在格式 2 之 1 清算表内，以特殊编号列入滑雪板的运送。

2.5.1.5 返还包裹运送费用的清算办理

如包裹的运送和交付遇到阻碍或根据发送人的指示将包裹返还发站,则包裹凭新填写的补送包裹报单返还。由于执行发送人的指示产生的全部运费和杂费,在原发站交付包裹时向发送人核收。

返还包裹的发送路凭补送包裹报单清算:

——在格式2清算表中注明“返还,运费和杂费向发送人核收”字样;

——在格式2之1清算表中注明特殊编号。

此时,过境路和发送路应得的款额列入清算表内。

总额在清算表中向到达路(原发送路)扣除。

2.5.1.6 运送途中补加费和杂费的清算办理

在行李和包裹运送途中发生途中补加费和杂费时,到达路应根据发生杂费的行李票或包裹票编制格式2或2之1清算表,并将其寄送给产生该项费用和杂费的铁路。

2.5.1.7 包用的行李车和餐车运送费用的清算办理

当包用的行李车和餐车按车轴公里费率清算时,每路的应得份额根据运价里程确定。

2.5.2 重新计算表的编制

在格式2和2之1清算表中发现有出入时,由有关路编制格式3重新计算表。

重新计算表应寄送2份,并按本规则第3项规定的办法审核。

2.6 货物运送费用的清算

2.6.1 清算表的编制

过境货物运送费用的清算,根据格式4或4之1清算表办理。清算表由过境路为以下各路编制:

——发送路(如过境路的运送费用向发货人核收);

——到达路(如过境路的运送费用转到收货人项下)。

清算表对每种运价(统一货价、国际货价等)分别编制,在一种运价范围内按出口国境站分别编制。

在清算表中，应列入清算月内由过境路移交给到达路或另一过境路的货物运送费用。

在格式 4 或 4 之 1 清算表中，应记载实际应付给过境路的运送费用的款额。

清算表编制 1 份，并在清算月份以后的第 2 个月 20 日以前寄送给债务路。

根据铁路间的协议，格式 4 或 4 之 1 清算表也可寄送 2 份。

在清算表末尾对下述各栏加总：

——实际重量；

——计费重量；

——运费；

——杂费；

——总计。

清算表按下述办法编制：

格式 4 清算表

各批货物应按货物交接单内的记载顺序填入清算表。

以往月份未列入清算表的货物，应按交接日期顺序列在清算表的开头。

在清算表中分别按各出口国境站及适用的运价规程，注明货物重量共计和运送费用共计。

格式 4 之 1 清算表

格式 4 之 1 清算表根据有关路间的协议编制。

清算表按下列各项单独编制：

——发送路(到达路)；

——支付路；

——运价规程；

——清算月(年、月)。

清算表中的各批货物按下述选分：

——发送月份；

——在发送月范围内按发站编码递增顺序；

——在发站范围内按货物批号递增顺序。

2.6.1.1　过境路补加费的清算办理

在过境路上额外发生的费用和杂费，由过境路列入格式 4 或 4 之 1 清算表。

如过境路的运送费用由发货人负担，则在格式 4 或 4 之 1 清算表上应添附能证明加算的额外发生费用的单据。在这种情况下，过境路应向发送路寄送运行报单和其他能证明所算款额的单据。

在过境路上额外发生的杂费和费用，可由过境路在发货人或收货人支付运送费用之日起的 7 个月期限内，向发送路或到达路提出。

2.6.1.2　变更运输合同时的清算办理

根据发货人关于变更运输合同的申请，转发送至另一国铁路车站或返还发送路的货物，其运送费用根据格式 4 或 4 之 1 清算表，采取向最终到达路核收发货人未付的全部运送费用的办法清算。

格式 4 或 4 之 1 清算表由转发送货物的铁路和过境路编制，并寄送给最终到达路。

2.6.2　计算机信息载体

根据有关路间的协议，债权路可向债务路寄送磁性载体清算数据或通过电子邮件 e-mail 寄送清算数据。

2.6.3　重新计算表的编制

在格式 4 或 4 之 1 清算表中发现有错误时，由有关路编制格式 5 重新计算表。

重新计算表应寄送 2 份，并按本规则第 3 项规定的办法审核。

2.6.4　赔偿请求的清算

已经退还的运费和按赔偿请求赔偿的款额的清算，根据承认赔偿请求铁路的函件办理。承认支付的款额列入定期结算表或对账单内。

2.7　客车和行李车走行费的清算

客车和行李车走行费的清算，根据格式 6 清算表每月办理。

格式 6 清算表由车辆使用路编制，并在报告月次月最后一日前寄送给车辆所属路。

款额作为所属路收益列入车辆使用路对账单，由编制结算表的铁路列入结算表，列入时均须注明随附函件。

发现错误时，编制重新计算表或补充清算表，并按本规则第3项规定的办法审核。

2.8 货车使用费的清算

2.8.1 清算表的编制

货车使用费按照格式8和格式9清算表进行清算。

格式8和格式9清算表由车辆使用方编制，并在清算月次月的25日以前寄送给车辆所属方1份，但保、匈、朝、波、罗(货)各路除外。

在同保、匈、朝、波、罗(货)各路进行清算时，应于清算月以后的第2个月25日以前编制格式8和格式9清算表并寄送给车辆所属方1份。

在清算表末尾应列出剩留在使用路的车辆号码。如将不应支付费用的时间列入清算表，则在其随附函件中应引用对每辆车免收费用的证明文件。

在通过邮局寄送清算表的同时，将按格式23编制的清算表文件通过电子邮件发至商定的车辆所属路地址。

2.8.2 重新计算表和补充清算表的编制

如果车辆所属路在审核车辆使用费清算表时发现不确切之处或发现未列入清算表的车辆，则该路编制格式10重新计算表或格式10之1补充清算表，上述单据寄给使用路2份。重新计算表和补充清算表的审核按本规则第3项规定的办法进行。

2.8.3 剩余车数的核对

所属路应在收到清算表之日起2个月期限内，对清算表末尾所列的剩余车数加以核对，并将核对结果通知使用路。

如发现剩余车数有出入，所属路可向使用路发函，指出车号并请求确认剩有上述车辆或指明这些车辆的返还时间。如自车辆交出之日起的6

个月内未收到使用路的答复，所属路即可按这些车辆灭失提出账单。

2.9 国境站货物换装费、货车换轮费和货物加固费的清算

交付路国境交接站代替接收路办理的货物换装或货车更换另一种轨距轮对以及货物加固费，根据格式 11 账单进行清算。

格式 11 账单由交付路国境交接站按日编制 4 份，每方各得 2 份，并由接收路国境交接站加盖日期戳并签字确认。根据铁路间的协议，格式 11 账单也可与货物交接单同时移交。月末按同样办法编制交付路交接站的月度汇总账单。

交付路和接收路的国境交接站于清算月的次月 6 日以前，将经过确认的 1 份账单，寄送给自路的有关清算机关，以便按照结算表或对账单列入清算。

根据确认的账单，应付款额：

——按对账单进行清算时，如果双边协议未作其他规定，由办理换装和车辆换轮的铁路在清算月次月列入相互清算；

——按结算表进行清算时，如果双边协议未作其他规定，由编制结算表的铁路在报告月次月列入相互清算。

2.10 客车换轮费的清算

客车更换另一种轨距轮对的费用，根据格式 15 清算表办理清算。格式 15 清算表由换轮的铁路编制，并在清算月的次月 20 日以前寄送给车辆运行路。

在清算表中应注明换轮的车辆号码、换轮日期、换轮总次数和换轮费总款额。

如发现有不确切之处，可编制重新计算表或补充账单，并根据本规则第 3 项规定的办法审核。

2.11 交接列车服务费的清算

交接列车服务费的清算，在不与现行国境铁路协定抵触的条件下，根据双方的商定，每月按格式 14 车轴公里表办理。

格式 14 表由国境站编制 4 份，每方各得 2 份。每份表都应有双方国

境站的日期戳和工作人员签字确认。

在编制格式14表时，每方国境站都填写自方铁路交接列车的走行情况。

格式14表每月在清算月的次月10日以前编制。

格式14表的一份留存在国境站，另一份寄往自路清算机关，以便统计所完成的车轴公里，并列入清算。

应核收费用的铁路于报告月的次月25日以前致函另一铁路的清算机构，并注明根据格式14表已完成的车轴公里。款额由每一铁路作为自方收益列入对账单，由编制结算表的铁路列入结算表，列入时均须注明所发函件的号码。

如发现不正确之处，可编制重新计算表或补充账单，并按本规则第3项规定的办法审核。

2.12 租用机车、提供调车作业机车、提供特种车辆和国境站为他路完成的其他服务和作业的费用的清算

提供调车作业机车，租用机车，提供除雪车、动力试验车和其他特种车辆，检衡车滞留，以及国境站为另一方所完成的一切其他服务和作业的费用，均根据本规则第1.4.1项规定的办法，按照格式16账单办理清算。

账单应在完成作业(移交机车车辆或提供服务)的当日或在清算月的次月10日以前，根据机车调送记录、车辆交接单、调车作业收据和其他经过双方国境站确认且能证明所完成的作业或提供的服务的其他单据编制。

如发现不正确之处，可编制重新计算表或补充账单，并按本规则第3项规定的办法审核。

2.13 机车车辆、集装箱、运送用具和其他运输技术器材的毁损或灭失，以及篷布和其他运送用具的滞留费的清算

机车车辆、集装箱、运送用具和其他运输技术器材的毁损或灭失，以及篷布滞留费的清算，根据本规则第1.4.2项规定的办法，按照格式16账单办理。

账单由所属路编制，并提交给发生上述器材毁损、灭失或滞留的铁

路。编制账单的依据是:规定的运输技术器材返还期限已过,或使用路关于运输技术器材灭失和毁损的通知函,并附有交接清单、记载毁损的记录附页及其他证明文件。

收到账单的一方,应在收到之日起的2个月内对其作出审核,并将经过签认的账单返还给账单提出方1份,如有修改,说明相应的理由。

在账单寄出之日起3个月期限内未将其返还,即认为已承认支付全部款额。

这些款额必须:

——由编制结算表的铁路列入结算表;

——由提出账单的铁路列入对账单。

在上述期限期满前1个月,由提出账单铁路寄送有关应列入下一份对账单或结算表款额的通知。

如果确定是因为没有收到账单以致未能在寄出之日起3个月期限内将其返回,则向其提交账单的一方应以电话或传真将此通知提出账单的一方。提出账单的一方接到通知后,应寄送该账单副本。审核副本的期限规定为2个月,从寄送之日算起。

如果再次提出账单后,铁路间对提出的款额仍不能解决,则认为该项款额属悬而未决的款额,并将分歧提交有关铁路代表会议或在有关路同意下提交国境铁路委员会审核。

2.14 集装箱滞留费的清算

2.14.1 清算表的编制

集装箱滞留费的清算,按照格式8和格式9清算表办理。该表由滞留集装箱的铁路编制,并在清算月的次月25日以前寄送给所属路1份。在清算表末尾应当注明使用路剩余集装箱号码。

2.14.2 重新计算表和补充清算表的编制

集装箱所属路在审核集装箱滞留费清算表时,如发现错误或者发现未列入清算表的集装箱,则该路编制格式10重新计算表或格式10之1补充清算表,这些表格寄给使用路2份,并按本规则第3项规定的办法审核。

所属路应在收到清算表之日起2个月期限内，对清算表末尾所列集装箱剩余数量加以核对，并将核对结果通报使用路。

如发现剩余集装箱数有出入，所属路可向使用路发函，指出集装箱号码并请求确认剩有上述集装箱或指明这些集装箱的返还时间。如自集装箱交出之日起6个月内未收到使用路的答复，所属路即可按这些集装箱灭失提出账单。

2.15 卧车和坐卧车列车员国境站交款的清算

卧车和坐卧车列车员国境站交款的清算，根据收进该款铁路的报表办理，即不经签认手续将该款额列入结算表内，作为车辆所属路收益。

卧车和坐卧车列车员交款报表，根据列车员交款收据按照格式18编制，并于清算月的次月20日以前寄送给车辆所属路。报表按本规则第1.4.3项规定的办法和期限审核。

根据个别路间的协议，列车员交款的清算也可按签认手续办理。

2.16 提供技术文件费和专家派遣费的清算

提供技术文件费和专家派遣费的清算，可根据双方的协商经签认或不经签认手续办理。账单应寄送2份，并附有证明账单款额的单据。

2.17 过境列车走行费的清算

过境列车走行费的清算，根据双边协议办理。

2.18 客车和旅客列车走行费的清算

客车和旅客列车走行费的清算，根据所采用的运价规程的规定办理。

2.19 白、格、哈、吉、拉、立、摩、俄、塔、乌(兹)、乌(克)、爱各路与保、匈、波、罗、斯(货)各路间联运中1 435 mm轨距货车转向架使用费的清算

1 435 mm轨距货车转向架使用费的清算，根据货车规则第8.1项办理。

根据各路间达成的协议，转向架使用费的清算可以根据单独的协议按格式9之1清算表进行。

2.20 货车规则中规定的车辆洗刷、消毒费的清算

车辆洗刷、消毒费按格式16账单，并根据本规则第1.4.2项规定的办法进行清算。

账单由完成洗刷、消毒的铁路编制，并提交给办理车辆换装的铁路，此时采用货车规则(包括自2010年2月15日起的修改事项)附件34第1、2项规定的费率。

移交未洗刷(未清洗)车辆的证明文件，是编制和提交账单的依据。

收到账单的一方应在收到之日起的1个月内对其进行审核，并将签认后的账单返还给提交账单方1份，如有修改，说明相应的理由并附以证明文件。

在账单邮寄之日起2个月期限内未将其返还，即认为已承认支付全部款额，这些款额必须：

——由编制结算表的铁路列入结算表；

——由提出账单的铁路列入对账单。

3 清算的稽核

3.1 清算的修改和更正

根据本规则办理清算的有关单据，自发出之日起 1 年内，如发现其中有不准确之处，每一铁路都有权要求按照重新计算表或补充账单修改和更正这些单据。

如修改和更正要求涉及的错误可能引起与货主的再次清算，则必须在铁组参加路间多边或双边协定或协议规定的时效期满 2 个月以前提出此种修改和更正要求。

在铁路间对已经办理的清算进行修改和更正问题作出商定后，已经商定的款额即应列入定期结算表或对账单内。

对提出的账单、费用表或清算表的共计额所发现的差额不足 3 瑞士法郎时，不编制补充账单和重新计算表。

3.2 审核重新计算表和补充清算表的办法

3.2.1 收到重新计算表或补充清算表的清算机构，应在自收到之日起 2 个月内对其作出审核，并将经过签认的重新计算表或补充清算表返还给提出重新计算表或补充清算表方 1 份，如有修改，说明相应的理由并附以证明文件。

3.2.2 如果在审核货车使用费清算项目重新计算表或补充清算表时使用路发现，由于自方过失、车辆所属者代码有误或其他原因，使用路错误地与另一铁路进行了车辆使用费清算，该路应向所属路签认重新计算表或补充清算表。重新计算表或补充清算表应在本规则第 3.1 项规定的期限期满前 2 个月提交车辆所属路。使用路与错误计费的受益路处理相关问题时，无需所属路参加。

如果因其他运送参加者的过失导致错误计费，使用路在收到因错误计费而受益的铁路的签认后，对重新计算表或补充清算表进行签认。

3.2.3 当提出的重新计算表或补充清算表部分或全部被拒绝时，提出重新计算表或补充清算表方有权在自拒绝之日(即附函上所记载的日期)起2个月期限内，再次提出重新计算表或补充清算表，必要时附上证明文件。

再次提出的重新计算表或补充清算表应寄送2份，并按本规则第3.2.1款规定的办法和期限审核。

如在自拒绝之日(即附函中所记载的日期)起2个月期限内未再次提出重新计算表或补充清算表，则认为提出重新计算表或补充清算表方已经同意重新计算表或补充清算表的审核结果。

3.2.4 在自寄出之日起3个月期限内未返回的补充账单或重新计算表，被认为业已承认全额支付，这些款额必须：

——由编制结算表的铁路列入结算表，或

——由提出重新计算表或补充账单的铁路列入对账单。

上述期限期满前1个月，铁路寄送关于应列入下一份对账单或结算表的款额的通知。根据各方商定，重新计算表或补充账单可以电子版寄送。

如果确定是因为没有收到重新计算表或补充账单以致未能在寄出之日起3个月期限内将其返回，则向其提交重新计算表或补充账单的一方应该用电报或传真将此通知重新计算表或补充账单提出方。重新计算表或补充账单提出方接到通知后，应寄送该重新计算表或补充账单副本。审核副本的期限规定为2个月，从寄送之日起算。

如再次提出重新计算表或补充账单后，铁路间对提出的款额仍不能解决，则认为该项款额属悬而未决的款额，并将分歧提交有关铁路代表会议或在有关路同意下提交国境铁路委员会审核。

如收到重新计算表或补充账单的铁路需要更长的审核期限，则应在签认期限期满之前，通过电报或传真向提出重新计算表或补充账单的铁路发函，要求延长审核期限，并注明必须延长期限的原因。

延长的审核期限规定为2个月，从发出通知之日起算。

4 费用的结算和支付

4.1 基本概念的定义——一般规定

4.1.1 一般货币定义

4.1.1.1 货币定义

每个国家的本国货币由主管机关根据该国现行法律确定。

根据货币联盟使用相同货币的国家采用同一货币单位。

4.1.1.2 折算汇率

折算汇率——用一种货币表示的另一种货币的价格。它由外汇市场牌价确定或由主管机构规定。

4.1.2 铁路间财务关系中采用的术语定义

4.1.2.1 清算结算中央事务局(BBC)

清算结算中央事务局是设在布鲁塞尔(比利时)的有限责任独立法人。该事务局向其成员提供财务和业务服务。

4.2 一般规定

4.2.1 清算办法

本规则所规定的清算,以瑞士法郎或双方商定的其他可兑换货币按下述办法办理:

4.2.1.1 每月由两个有关铁路按结算表直接办理。

4.2.1.2 每月由两个有关铁路根据双边协议按对账单直接办理。

4.2.1.3 根据有关铁路间的协议按多边清偿相互债务办理。

4.2.1.4 如一铁路建议另一铁路根据对账单办理清算,则另一铁路(朝铁除外)无权拒绝第 4.2.1.2 项规定的清算办法。与朝铁根据对账单办理清算,须经双方同意。

4.2.2 货币折算办法

列入清算单据内的款额，应以运价货币表示。清算单据中的共计款额列入结算表或对账单，不进整。

根据有关铁路间的协议，清算单据中的款额也可用其他货币表示。根据双边或多边协议，可采用路透社汇率或其他折算汇率。用其他货币表示的清算单据共计款额，在列入结算表或对账单时，按编制结算表或对账单当日清算结算中央事务局(BCC)的牌价折算成瑞士法郎。同时在这些单据中注明折算日期和汇率。

4.2.3 编制结算表和对账单的单据

编制结算表和对账单的根据为：

——旅客、行李、包裹、过境货物运送费用清算表，客车走行公里总表，货车使用费清算表，客车换轮费清算表和不经签认即可将款额列入结算表或对账单内的其他单据；

——货物换装费、货车换轮费、提供调车作业机车费用的账单、交接列车服务费用表和由双方国境站编制并确认的其他账单；

——支付方机构所签认的账单、费用表及重新计算表；

——在规定期限内未予答复的账单、费用表、补充清算表及重新计算表；

——1 435 mm 轨距货车转向架使用费清算表；

——商定给予支付的其他单据和函件。

规定经签认手续进行清算的款额，在签认后：

——由编制结算表一方列入结算表内；

——由收到签认一方列入对账单内。

如果自经签认的清算单据的附函所载日期起 1 个月内，提出清算单据的铁路未将款额列入对账单，则发出签认函的铁路有权将这些款额列入自方对账单，作为提出清算单据铁路的收益。

4.3 编制结算表的办法和期限

结算表由两个有关铁路按格式 13 直接编制，截至每月最后一日(俄铁与蒙铁、俄铁与朝铁、俄铁与越铁间的清算截至 10 日，俄铁与中铁间截至15日)。

结算表根据本规则第4.2.3项所指的清算单据按货运和客运单独编制。

结算表采用铁组一种工作语文编制,字号应不小于12号。

结算表中应列入各方在结算表编制期限之前编制并相互寄送的清算单据的共计额,以及在此期限前收到的经另一方签认的单据的款额。

客运和货运清算单据、结算表的共计额,由编制结算表的铁路进行结算并结出收支差额。

结算表按附件1所列地址于报告月的次月10日前(俄铁与蒙铁、俄铁与朝铁、俄铁与越铁间的清算于每月15日前,中铁与俄铁间的清算于每月20日前)通过传真或电子邮件,且必须通过邮局将其寄送给本规则的有关参加铁路。

如无清算单据,则不编制结算表。同时必须在规定的寄送结算表期限内将此事书面通知另一铁路。

根据有关铁路间的协议,结算表可按格式13之1编制,列入结算表的款额也可用其他货币表示。

编制结算表的铁路列在附件4中。

4.4 编制对账单的办法和期限

对账单由参加双边(多边)协约的每一铁路按格式19编制,截至报告月最后一日,必须填写所有栏。

对账单根据本规则第4.2.3项所列清算单据编制。

在对账单中按每种货币结出差额。

对账单按附件1所列地址于每月6日前(对保、蒙、罗三路于每月10日前)通过传真或电子邮件,且必须通过邮局寄送给参加双边协约的有关铁路。

在对账单编制期限前各方编制并相互寄送的清算单据共计额,及此期限前收到的经签认的单据的款额应列入对账单。如无编制对账单所需单据,应将此事在规定寄出对账单的期限内通知另一方。对账单采用铁组一种工作语文编制,字号应不小于12号。

债务路根据对账单按格式20编制支付(结算)表,在对账单编制月次月的10日之前(对保、蒙、罗三路于对账单编制月次月的15日前)通过传真或电子邮件,且必须通过邮局将其寄送有关路。

编制对账单的铁路载于附件5中。

根据铁路间的协议,支付(结算)表可按格式20之1编制。

对账单和支付(结算)表中出现错误时,铁路应以书面形式相互通知此事。各方通过协商于6日前(对保、蒙、罗三路于10日前)对对账单和10日前(对保、蒙、罗三路于15日前)对支付(结算)表进行更正,同时编制新的对账单或支付(结算)表,并加注“替换原来寄出的”。在报告月次月6日之后(对保、蒙、罗三路为报告月次月10日之后)更正对账单中的错误,要在下月的对账单中进行。

对各路间相互清算情况的检查根据需要进行,但每年不得少于一次,并编写“相互清算情况检查记录”,由各方签字并必须注明姓名和所担任的职务。

4.5 多边清偿相互债务的办法

有关铁路之间可根据相互债务清偿协议(本规则附件6),按照商定的款额进行相互债务清偿。

4.6 差额的支付

债务路以清算货币或铁路间商定的其他货币向债权路支付收支总差额。在采用清算货币以外的其他货币支付收支差额时,其折算根据铁路间协议规定的办法进行。

如定期结算表或支付表的收支差额属于债务路的收益,则该款额按先前编制的结算表或支付(结算)表列入全部或部分清偿所欠债权路债务的账单。在这种情况下,债务的清偿日期为据其编制属于债务路收益的支付(结算)表或结算表的对账单的编制日期。

当出现几份结算表或支付(结算)表中的债务时,按债务产生顺序进行偿付。

允许部分支付收支差额。

收支总差额由债务路汇拨到附件3所载的债权路银行账户上。

4.6.1 支付日期和最后支付日期

支付日期系指收支差额汇入债权路银行账户的日期。

最后支付日期是指：

——按对账单清算时，支付(结算)表编制月最后一日。

——按结算表清算时，结算表寄出月最后一日。在俄铁与越铁、俄铁与蒙铁、俄铁与朝铁间清算时：结算表寄出月的次月 10 日前；在俄铁与中铁间清算时：结算表寄出月的次月 15 日前。

如果结账日所在月最后一日是债权路国家的非银行工作日，则上述最后支付日期延至下一银行工作日。

铁路应于每年 12 月 31 日前相互通知下一年本国的非银行工作日。

4.6.2 汇拨款额时产生的费用

如果两铁路间未签定其他协议，则支付时产生的费用由债务路承担，但债权路所列自方银行事项不正确时除外。在债权路没有全额收到债务路支付的所有款额并且银行从支付的款额中支取了手续费的情况下，债权路致函债务路，通知所扣取的款额，并附上银行单据的复印件。汇寄路负责同银行处理问题，并且必须将结果通知收款路。

如果逾期支付是受债务路委托办理支付的银行造成的，则债务路对逾期支付后果承担责任。

4.6.3 付款的特殊情况(不足 1 000 瑞士法郎)

如收支总差额不足 1 000 瑞士法郎，则可累积至 1 000 瑞士法郎时支付，但不得迟于日历年度 12 月 20 日。对债务路的罚金制裁自当年 12 月 21 日起开始计算。

该规定不适用于当年 11 月的支付(结算)表，对该支付(结算)表，无论其债务款额多少，都应在 12 月 31 日之前支付，此期限过后即开始计算罚金。

根据各方协议，收支总差额不足 1 000 瑞士法郎时，可累积至商定的期限支付。

4.7 付款逾期

在本规则规定的最后支付日期以前未偿付自方债务的债务路，应根据下列条件承担支付逾期利息的责任。

4.7.1 逾期期限

对最后支付日的次日起至实际支付日为止的期间内未及时支付的全部款额，按照每一张结算表或支付(结算)表单独计算利息。

债权路有权在每个日历月的月末加算利息。

债权路根据格式 21 编制付款逾期罚金清算表并将其寄送债务路签认。收到付款逾期罚金清算表的铁路应在收到该表之日起 1 个月内对其进行审核。

如从附函中所载日期起 2 个月内未收到答复，债权路则可不经签认将付款逾期罚金清算表的款额列入相互清算。

4.7.2 债务利率

对在规定期限内未及时支付的款额，应按未及时支付的款额偿付年利 4%(单利)的利息。计算利息时，采用 360 个日历天数(每月 30 天)作为计算年息的基础。

4.8 铁路应收账款支付的保证方法(防范不良支付铁路)

4.8.1 原　　则

为采取有效措施以清偿由于违反清算办法或结算表、支付(结算)表的支付期限而产生的超过 3 个月的债务，债务路应向债权路提出债务清偿进度表，以供商定。进度表在双方签字后即认为已商定。

根据双方协议，可商定债务清偿的其他途径。

4.8.2 向铁组委员会提出请求的办法

如债务路不采取措施履行根据第 4.8.1 项商定的债务清偿进度表所规定的清偿条件和期限，作为防范债务路延迟付款的措施，债权路有权：

1. 在下列情况下，将债务路延迟付款一事通报铁组委员会(财务和清算问题常设工作组)：

1.1　应收账款超过其正常年度债款的 25%；

1.2　应收账款超过 3 个月未清偿。在这种情况下，应收账款应包括基本债务和根据第 4.7.2 项计算的逾期付款利息。

2. 向铁组委员会(财务和清算问题常设工作组)请求举行债权路、债务路代表与财务和清算问题常设工作组会议，以便商定债务清偿途径。

5 适用本规则的铁路与其他铁路间的清算

适用本规则的铁路与其他铁路间的清算，根据单独的协议办理。

6 本规则的修改和补充，争执问题的解决方法

6.1 本规则的修改和补充

清算规则及其修改补充事项，根据铁组成员国铁路的内部规章规定的办法予以公布。

公布本规则及其修改补充事项时，应指明生效日期。修改补充事项应在其生效的15天前公布。

本规则可根据"国际旅客联运和铁路货物联运清算规则协约"规定的办法进行修改和补充。

本规则(附件1、3、4、5、6除外)的修改补充事项的生效日期，由铁组委员会规定。

会议召开的时间、地点、会期和会议工作安排，由铁组委员会确定。

对附件1、3、4、5、6的修改，根据有关铁路的函件办理，函中应指明修改事项的生效日期。为了尽快通知信息，除了邮政通知外，还可采用传真或电子邮件。

6.2 争执问题的解决

为解决各方之间用书面方式不能商定的清算问题，经上述各方商定可召开有关铁路代表会议。

缔约铁路之间由于未履行支付义务而产生的并且无法在会上调解的分歧，可根据被提出要求的铁路的本国法律提交缔约铁路国家司法部门审理。

附件 1

寄送结算表、对账单和清算资料的清算机构地址一览表

“阿塞拜疆铁路”封闭型股份公司(阿[塞]铁):

“阿塞拜疆铁路”封闭型股份公司管理局

巴库,AZ-1010,吉利亚拉·阿利耶沃伊大街-230

电话:+99412 4994400,

传真:+99412 5982648

e-mail:imamedov@railway. gov. az

nigar@railway. gov. az

白俄罗斯铁路(白铁):

编制和寄送对账单、支付(结算)表、相互清算核对记录、相互诉求考查记录、付款逾期计息清算表:

——“白俄罗斯铁路”国有企业

白俄罗斯铁路局会计核算和方法处收入核算科

白俄罗斯共和国,220039,明斯克,布列斯特—立托夫斯卡娅街 9 号

电话:(37517)2259046,2253706,2253906,2259011;

传真:(37517)2259065

e-mail:nbmd@upr. mnsk. rw. by

编制和寄送清算单据:

——白俄罗斯铁路局总清算信息中心(国有单一制企业)

白俄罗斯共和国,220039,明斯克,布列斯特—立托夫斯卡娅街 9 号

传真:(37517)2254192,2259030;

e-mail:dkcs@mnsk. rw. by,dkcl@mnsk. rw. by——客运清算;

e-mail:ircrz @ mnsk. rw. by,ircr_zizyuk @ mnsk. rw. by——货运清算

“保加利亚国家铁路”控股公司(保铁):

保加利亚共和国,索菲亚市,伊万·瓦佐夫大街 3 号,1080

电话:(+3592)9811110;(+3592)9324310

传真:(+3592)9877151

e-mail:bdz@bdz. bg

1. 相互清算(对账单、支付结算表和结算表、相互清算核对记录、付款逾期计息清算表、未调解的财务问题文件及相互清算相关的其他清算资料)由负责货运的保铁货运有限责任公司和负责客运的保铁客运有限责任公司办理。

2. 客运清算资料

——保铁客运有限责任公司

清算问题方面:

保加利亚共和国,索菲亚市,玛利亚·鲁伊扎林荫道 114-A,1233

电话/传真:(+3592)9323258;(+3592)9323481

e-mail:kpmr_tcv@mail. bg

财务问题方面:

保加利亚共和国,索菲亚市,伊万·瓦佐夫大街 3 号,1080

电话/传真:(+3592)9323032;(+3592)8313215

e-mail:pp_fso@abv. bg

3. 货车和集装箱使用费清算资料

——保铁货运有限责任公司

清算问题方面:

保加利亚共和国,索菲亚市,玛利亚·鲁伊扎林荫道 114-A,1233

电话/传真:(+3592)8312198;(+3592)8316172

e-mail:m_angelov@bdz. bg;gsimeonov@bdz. bg

财务问题方面:

保加利亚共和国,索菲亚市,伊万·瓦佐夫大街 3 号,1080

电话/传真:(+3592)8324108

e-mail:bdzcargo@bdz. bg;kpmr_fin@bdz. bg;kpmrdf@bdz. bg

保加利亚共和国,索菲亚市,伊万·瓦佐夫大街 3 号,1080

电话:(+3592)9811110;(+3592)9324310

传真:(+3592)9877151

e-mail:bdz@bdz.bg

“匈牙利国家铁路”封闭型股份公司(匈铁):

编制和寄送客运清算单据

——匈铁客运股份公司清算部

1087-布达佩斯,克列佩希街 1-5 号

电话:(361)5127961

传真:(361)5116161

e-mail:knul.karolyne@mav-start.hu

编制和寄送基础设施服务费清算单据

——匈铁资金周转会计部

1087-布达佩斯,科内维斯·卡尔曼林荫道 54-60

电话:(361)5113638

传真:(361)5118730

e-mail:kovacsm@mav.hu

编制和寄送对账单、支付(结算)表、相互清算核对记录

——匈铁资金周转会计部

1087-布达佩斯,科内维斯·卡尔曼林荫道 54-60

电话:(361)5113638

传真:(361)5118730

e-mail:kovacsm@mav.hu

越南铁路(越铁):

财务会计局

河内,黎笋街 118 号

或:TONG CONG TY DUONG DUONG SAT VIET NAM

BAN TAI CHINH KE TOAN

118 LE DUAN HA NOI

传真:(844)38224415

“格鲁吉亚铁路”有限责任公司(格铁):

财务处

格鲁吉亚共和国,380012,第比利斯,塔马拉女皇大街 15 号

电话:(995-32)994643

传真:(995-32)952527

“哈萨克斯坦铁路”国有股份公司(哈铁):

结算表、对账单、支付(结算)表和货运清算单据

——会计核算部国际联运清算处

阿斯塔纳,库纳耶娃大街 6 号,邮编:010000

电话:(+77172)603637,603638,603639

传真:(+77172)603647,603640,603646

e-mail:crashet@railways.kz,cmr.kzh@railways.kz,asanov_a@railways.kz,baitelenova_a@railways.kz

“吉尔吉斯斯坦铁路”国有公司(吉铁):

吉尔吉斯共和国,720009,比什凯克,列夫·托尔斯泰街 83 号财务部铁路间相互清算处

电话/传真:(996-312)648309,(996-312)650690

e-mail:vzaim@railway.aknet.kg

中国铁路(中铁):

1. 车辆使用费和国境站作业费的清算资料及清算单据——有关国境铁路局

2. 旅客、行李、包裹和货物运送费用的清算资料——中华人民共和国铁道部国际联运清算中心

中华人民共和国,100844,北京,复兴路 10 号,

中华人民共和国铁道部国际联运清算中心

电话:+8610 51847441

传真:+8610 51847441

3. 结算表和有关第 1 项清算的所有信函抄件——中华人民共和国

铁道部国际联运清算中心

中华人民共和国,100844,北京,复兴路10号

朝鲜铁路(朝铁):

平壤,中区东安洞

朝鲜民主主义人民共和国铁道省国际联运清算所

传真:(850)23814527,(850)23812100,(850)23814410

e-mail:greenlam@star-co.net.kp

"拉脱维亚铁路"国家股份公司(拉铁):

拉铁国家股份公司

拉脱维亚共和国,LV-1547,里加,果戈里大街3号

拉铁货运有限责任公司运输清算局

拉脱维亚,LV-1547,里加,果戈里大街3号

电话:(371)67234711,67233934

传真:(371)67233416

e-mail:kazimirs.voroneckis@ldz.lv,kuprijan@ldz.lv

国际清算处

(1)办理相互清算(对账单、支付结算表、付款逾期计息清算表)

电话:(371)67234929

传真:(371)67234056

e-mail:natalja.jaroha@ldz.lv

(2)客运清算资料

电话:(371)67234622

传真:(371)67234056

e-mail:tatjana.pikele@ldz.lv

(3)车辆和集装箱使用费清算资料

电话:(371)67234855

传真:(371)67233416

e-mail:inese.saurina@ldz.lv

(4)关于《清算规则协约》和《清算规则》修改补充事项的往来函件

电话:(371)7234359

传真:(371)7234056

e-mail:dashkova@ldz.lv

“立陶宛铁路”股份公司(立铁):

立陶宛共和国,维尔纽斯,LT-03603,明达乌戈街 12/14 号

电话:(3705)2692038

传真:(3705)2692128

e-mail:lgkanc@litrail.lt

1. 办理相互清算(对账单,支付(结算)表,结算表,相互清算核对记录,付款逾期计息清算表,未解决的财务问题和其他相互清算资料)

——财务部核算清算处国际清算科

维尔纽斯,LT-03603,明达乌戈街 12/14 号

电话:(3705)2693191

传真:(3705)2692948

e-mail:inter_abr@litrail.lt

2. 客运清算资料

——客运局财务经济部销售核算与清算科

维尔纽斯,LT-03603,明达乌戈街 12/14 号

电话:(3705)2693840

传真:(3705)2692776

e-mail:settlements@litrail.lt

3. 车辆和集装箱使用费清算资料

——货运局财务部收入核算与清算科

维尔纽斯,LT-03603,明达乌戈街 12/14 号

电话:(3705)2692419

传真:(3705)2693797

e-mail:grazina.b@litrail.lt

4. 机车和机车组作业清算资料

——货运局管理核算和购买部管理核算科

维尔纽斯,LT-03603,明达乌戈街 12/14 号

电话:(3705)2693124

传真:(3705)2692973

e-mail:j. kamarauskiene@litrail. lt

5. 客运机车和机车组作业清算资料

——客运局经济财务部经济处

维尔纽斯,LT-02111,别列索斯街 10 号

电话:(3705)2693139

传真:(3705)2693944

e-mail:l. leontjeva@litrail. lt

"摩尔多瓦铁路"国家企业(摩铁):

财务处国际清算科

摩尔多瓦,MD-2012,基什涅夫,弗莱库·佩尔凯拉布街 48 号

电话:(373-22)834991,834909

电话/传真:(373-22)213060,226300

e-mail:val@railway. md

俄一蒙股份公司蒙铁乌兰巴托铁路局(蒙铁):

乌兰巴托铁路局财务和会计核算处

蒙古,210535,乌兰巴托,首尔街 42 号

电话:(+97621)244461,(+97621)244462

传真:(+97611)328360,(+97621)244461

e-mail:b-ariunaa@ubtz. mn

e-mail:noms_mtz@yahoo. com

波兰国家铁路股份公司(波铁):

波兰国家铁路股份公司(波铁)

1. 办理相互清算(对账单,结算表,付款逾期计息清算表)

以下项目的清算资料:

——货物运送费,

——货车使用费,

——货车换轮费，

——国境站货物列车交接服务费。

PKP CARGO S. A. Centrala

Centralne Biuro Rozrachunkow

85-713 Bydgoszcz，ul. Sobieszewska 3

波铁货运股份公司中央管理局中央清算处

85-713 比得哥什，索别舍夫斯卡大街 3 号

传真：(4852)3229640

e-mail：cfc. sekretariat@pkp-cargo. eu

2. 以下项目的清算资料：

——旅客运送费，

——行李和包裹运送费，

——客车和行李车走行费，

——客车换轮费，

——国境站列车交接服务费，

——国际旅客联运其他清算项目。

PKP INTERCITY S. A. w Warszawie

Biuro Rachunkowsci

85-080 Bydgoszcz，ul. Libelta 4

华沙波铁城际股份公司

国际清算局

85-080，比得哥什，利别利塔大街 4 号

传真：(4852)5183711

e-mail：m. mendel@intercity. pl

3. 以下项目的清算资料：

——经伊佐夫（乌[克]铁）～赫鲁别舒夫（波铁）801 号国境口岸交接的货车（宽轨）使用费

PKP Linia Hutnicza Szerokotorowa sp. z o. o.

22-400 Zamośćul. Szczebrzeska 11

波铁“宽轨冶金线”有限责任公司

22-400，扎莫希奇，谢布热斯卡大街 11 号

传真：(48-84)6385236

e-mail：info@pkp-lhs. pl

俄罗斯铁路股份公司(俄铁)：

1. 结算表、对账单、支付(结算)表和付款逾期计息清算表

——“铁路核算”公司核算和报表中心(俄铁分公司)

莫斯科，107078，新巴斯曼大街 14 号 2 单元 269 信箱

电话：＋7(499)2627800

传真：＋7(499)2624454

e-mail：arbuzov@css-rzd. ru

2. 旅客、行李、包裹和货物运送费清算资料

——俄铁“铁路清算中心”

莫斯科，107078，新巴斯曼大街 14 号 2 单元

电话：＋7(499)2624967

传真：＋7(499)2628593，2628547

e-mail：centerzdr@center. rzd. ru

3. 俄铁货车使用费清算资料和其他清算单据

——与俄铁有共同口岸时，俄铁相应国境铁路局；

——与俄铁无共同口岸时，俄铁“铁路清算中心”(莫斯科，107078，新巴斯曼大街 14 号 2 单元)。

4. 货运相关赔偿请求的清算资料

——俄铁相应国境铁路局并抄送俄铁“铁路清算中心”(107078，莫斯科，新巴斯曼大街 14 号 2 单元)

5. 有关国际旅客联运和铁路货物联运清算规则协约和清算规则修改补充事项，以及未解决的财务清算问题

——俄铁国际合作部

莫斯科，107174，新巴斯曼大街 2 号

电话：＋7(499)2621628

传真：＋7(499)2622880

e-mail：civ@css-rzd. ru

——俄铁财务部

莫斯科，107174，新巴斯曼街 2 号

电话：+7(499)2625649，2622423，2623438

传真：+7(499)2627423，2623291，2620885

e-mail：zfv@css-rzd. ru

罗马尼亚铁路(罗铁)：

1. 罗马尼亚国有铁路货运股份公司(罗铁[货])

(1)结算表、对账单、支付(结算)表、付款逾期计息清算表

——财务会计局“与外国铁路清算”处

罗马尼亚，010873，布加勒斯特(一区)，吉尼库·高列斯库林荫道 38 号

电话：(+4037)2840066

传真：(+4021)2250010

e-mail：maria. burghiu@cfrmarfa. com

e-mail：viorica. gheorghe@cfrmarfa. com

(2)货车使用费和货运赔偿请求相关的清算资料

——收入稽查中心国际货物联运清算表编制处

罗马尼亚，010873，布加勒斯特(一区)，吉尼库·高列斯库林荫道 38 号

电话/传真：(+4037)2840078

e-mail：carmen. a. rosca@cfrmarfa. com

2. 罗马尼亚国有铁路客运股份公司(罗铁[客])

外联局国际清算处

罗马尼亚，010873，布加勒斯特(一区)，吉尼库·高列斯库林荫道 38 号

电话：(+4021)2126221

传真：(+4021)3190326

e-mail：loredana. dena@cfrcalatori. ro

国际旅客联运收入稽查处

罗马尼亚，010873，布加勒斯特（一区），吉尼库·高列斯库林荫道38号

电话：(+4021)2126221

传真：(+4021)3190326

e-mail：cerasela. vasilescu@cfrcalatori. ro

"斯洛伐克铁路货运"股份公司（斯[货]铁）：

1. 编制和寄送客货联运汇总支付（结算）表，以及国际货物联运相互核对记录、对账单、清算表和重新计算表

——Železničná spoločnost Cargo Slovakia，a. s. (ZSSK CARGO)

Úsek obchodu，Sekcia odúčtovania tržieb železníc

Železničná 1，042 72 KOŠICE

Slovenská republika

电话：+421 552295611

传真：+421 556222202

e-mail：cargo. S54@zscargo. sk

斯洛伐克铁路货运股份公司（斯铁[货]）

经济处铁路收入清算科

斯洛伐克共和国，04272 科希策，热列兹尼奇纳街 1 号

电话：+421 552295611

传真：+421556222202

e-mail：Cargo. S54@zscargo. sk

2. 编制和寄送国际旅客联运对账单、清算表和重新计算表

——Železničná spoločnost'Slovensko，a. s. (ZSSK CARGO)

Úsek obchodu，Sekcia odúčtovania tržieb železníc

Železničná1，04272 KOŠICE

Slovenská republika

电话：+421 552293750

传真：+421 556231260

e-mail:miksova. viera@slovakrail. sk

斯洛伐克铁路货运股份公司(斯铁[货])贸易处清算科

斯洛伐克共和国,042 72 科希策,热列兹尼奇纳街 1 号

电话:+421 552293750

传真:+421 556231260

e-mail:miksova. viera@slovakrail. sk

塔吉克斯坦铁路(塔铁):

塔吉克斯坦铁路国家单一制企业

塔吉克斯坦共和国,734012,杜尚别,M·纳扎尔绍耶娃街 35 号

电话:(992372)2942361

电话/传真:(992372)218334,230658

e-mail:tajrwvc@rs. tj

"乌兹别克斯坦铁路"国家铁路股份公司(乌[兹]铁):

乌兹别克斯坦铁路国家铁路股份公司

乌兹别克斯坦,700060,塔什干,舍甫琴科街 7 号

电话:(998 71)2378059,2388324,2388296

传真:(998 71)2320216

e-mail:Uzgdrm@yandex. ru

乌克兰国家铁路管理总局(乌[克]铁):

"乌克兰国家国际联运清算中心"国家企业

乌克兰,03049,基辅,乌曼斯基街 5 号

电话/传真:(380-44)2440933,2353147

e-mail:rcpr@lotus. uz. gov. ua——对账单和结算表;

e-mail:rcpl@lotus. uz. gov. ua——国际旅客联运清算;

e-mail:rcpv@uz. gov. ua——车辆使用费清算;

e-mail:rcpikd@lotus. uz. gov. ua——集装箱使用费、其他作业及服务费清算。

捷克铁路股份公司(捷铁):

1. 编制和寄送客货联运汇总支付(结算)表,以及国际旅客联运相互核对记录、对账单、清算表和重新计算表:

České dráhy,a. s

Odúčtovna přepravních tržeb

Vídeňská 15

CZ-77211 Olomouc

捷克铁路股份公司奥洛莫乌茨清算中心

捷克共和国,77211,奥洛莫乌茨,维杰尼斯卡街 15 号

电话:(+420)972749 365

传真:(+420)972749 395

e-mail:OPTsek@opt. cd. cz

2. 编制和寄送国际货物联运对账单、清算表和重新计算表:

Českédráhy,a. s

OPT Olomouc

Vídeňská 15

CZ-772 11 Olomouc

捷克铁路货运股份公司奥洛莫乌茨清算中心

捷克共和国,77211,奥洛莫乌茨,维杰尼斯卡街 15 号

电话:(+420)972705 833

传真:(+420)585226 147

e-mail:Marcela. Gatekova@cdcargo. cz

爱沙尼亚铁路股份公司(爱铁):

15073 塔林,托姆路 35 号

电话:(372)6158610

传真:(372) 6158710

e-mail:raudtee@evr. ee

财务处

电话:(372)6158724,6158575

传真:(372)6158588
e-mail:volkova@evr. ee
paju@evr. ee

附件 2

格式一览表

格式 1
（第 2.1.1 项）

铁路名称＿＿＿＿＿＿＿＿＿＿

清算机构名称＿＿＿＿＿＿＿＿　　　　第＿＿＿＿页

国 际 旅 客 联 运
客 票 清 算 表

＿＿＿＿＿＿售出客票清算表
（铁路名称）

20＿＿＿年＿＿＿月份

运价货币＿＿＿＿＿

顺号	车站		运送经路	特别记载	客车等级	客票号码		票数			人数	单人乘车票价	票价					
	发站	到站				起始号码	终止号码	总计	其中：				总计	其中：				
									全价票	儿童票								
1	2	3	4	5	6	7	8	9	10	11	12	13	14	15	16	17	18	19

职务＿＿＿＿＿＿

姓名＿＿＿＿＿＿

签字＿＿＿＿＿＿

格式 1 之 1
（第 2.2.1 项）

铁路名称____________________

清算机构名称________________

国 际 旅 客 联 运

____________售出____________车辆卧铺票清算表 第____页

（铁路名称） （铁路名称）

运价货币________ 20 ____年____月份

顺号	车站		运送经路	客车等级	卧铺票号码		卧铺票数	人数	单张卧铺票价	总计
	发站	到站			起始号码	终止号码				
1	2	3	4	5	6	7	8	9	10	11

职务____________

姓名____________

签字____________

联运清算表(1)

格式 1 之 2

编制清算表的铁路

（第 2.2.1 项）

（名称和代码）

第____页

国 际 旅 客 联 运

代码

清算期限 20 ____年____

（接收路地址）

货币		清算方式 (2)	签发地种类 (3)	服务项目 (4)	债务总额	债权总额	手续费金额		净余额		备注
代码	货币期						债务	债权	代码 (5)	余额	
1	2	3	4	5	6	7	8	9	10	11	12

(1)不需要的划消。

(2) ①预留的席位/撤销预留；
②收益份额；
③清算总金额。

(3) ①铁路车站；
②旅行社（该栏只在本清算表作为主要汇总表时填写）。

(4) 根据铁盟 301-0 备忘录附件 1 和 2 标明服务项目代码（该栏只在本清算表作为主要汇总表时填写）。

(5) ①债务；
②债权。

清算:收益份额　部分 A,Б　　　　　　　　　　　　格式1之2(1)

服务项目:卧席　　　　　　　　　　　　　　　　　(第2.2.1项)

第____页

编制清算表的铁路:____________　　　　　　清算期限20____年____

接收清算表的铁路:____________　　　　　　清算货币________

提供服务席位种类/取消:____________　　　　手续费费率________

车次	车厢号	发车日期	发站	预留席位	到站	预留席位	运价代码	等级或种类	旅客类型	经路种类	发售/取消日期	检验号码	单人乘车票价	席位数	变更	转账类型	债务总额	债权总额	发售路代码	旅行社代码	经路1代码	经路2代码	债务手续费金额	债权手续费金额
1	2	3	4	5	6	7	8	9	10	11	12	13	14	15	16	17	18	19	20	21	22	23	24	25

清算:提供的席位　部分 A,Б　　　　　　　　　　　　格式1之2(2)

提供的席位/取消预订的席位　　　　　　　　　　(第2.2.1项)

服务项目:　　　　　　　　　　　　　　　　　清算期限20____年____

编制清算表的铁路:____________　　　　　　运价货币______

接收清算表的铁路:____________

提供服务席位种类/取消:____________

车次	车厢号	发车日期	发站	预留席位	到站	预留席位	等级或种类	发售/取消日期	检验号码	席位需要站	旅行社代码	通话号码	单人乘车票价	预留席位数量	撤销席位数量	变更	转账类型	债务总额	债权总额	车厢所属路代码	运价代码	经路种类	旅客类型	经路1代码	经路2代码	铁路运价	债务总额	债权总额	债务手续费金额	债权手续费金额	手续费利息
1	2	3	4	5	6	7	8	9	10	11	12	13	14	15	16	17	18	19	20	21	22	23	24	25	26	27	28	29	30	31	32

格式 1 之 3

（第 2.3 项）

铁路名称____________________

清算机构名称____________________

国 际 旅 客 联 运

________________ **售出 客 票[1] / 卧铺票[1] 重新计算表**

（铁路名称）

运价货币________________ 20 ____年____月份

格式 1 或格式 1 之 1 清算表中的顺号	客票或卧铺票号码	票数	车站		根据清算表已扣除额	实际应付	结 果		理由
			发站	到站			列 铁路收益	列 铁路收益	
1	2	3	4	5	6	7	8	9	10
	共计： 差额：								

职务____________

姓名____________

签字____________

[1] 不用的划消。

格式 1 之 4
(第 2.1.1 项)

铁路名称＿＿＿＿＿＿＿＿＿＿

清算机构名称＿＿＿＿＿＿＿＿

国 际 旅 客 联 运

客 票 清 算 表

第＿＿＿页
(3)

编制清算表的铁路＿＿＿＿＿＿
(4)

收到清算表的铁路＿＿＿＿＿＿　　20＿＿年＿＿月份
(4)　　(4)

运价货币＿＿＿＿＿＿

顺号	车站		运行经路		里程（公里）	客票种类	等级	客票号码		票数			人数	单个旅客乘车票价	票价	
	发站	到站	全程	与其进行清算的铁路上				开始号码	终止号码	总计	其中				总计	其中给铁路
											全价票	儿童票				
1	2	3	4	5	6	7	8	9	10	11	12	13	14	15	16	17
	(4＋5)	(4＋5)	(4)	(10)	(5)	(2)	(2)	(6)	(6)	(7)	(7)	(6)	(7)	(4/2)	(10/2)	(10/2)

职务＿＿＿＿＿＿

姓名＿＿＿＿＿＿

签字＿＿＿＿＿＿

格式1之5

（第2.1.1项）

铁路名称＿＿＿＿＿＿＿＿

清算机构名称＿＿＿＿＿＿

国际旅客联运

电子方式办理客票的清算表

清算表种类＿＿＿

编制清算表的铁路＿＿＿＿＿＿　　第＿＿页

收到清算表的铁路＿＿＿＿＿＿　　20＿＿年＿＿月份

运价货币[1]＿＿＿＿＿＿＿

清算方式	清算年月	旅行社	提交机关	客票运价编码	列车种类	车次	车厢号	经路种类	席位种类和等级	旅客类型	道路规定中的初级代码		发站	发站代码	到站	到站代码	乘车票据种类	单位服务份额	支付费率%	手续费率%	业务标记	分出份额数量	总份额
											经路1	经路2											
2）	2）		3）			4）	4）					4）							4）			5）	5）

总余额　　　　　　净余额

其中车站支出　　　其中车站支出

其中旅行社支出　　其中旅行社支出

支付余额　%

其中车站支出

其中旅行社支出(6)

手续费余额　%

其中车站支出

其中旅行社支出

1)每一种货币和货币期限编制单独余额表。

2)该项可以放在统计表标题中。

3)如果提交路认为有必要，则将该项标出。

4)如果有必要，则将该项标出。

5)符号"—"放在第一个印刷符号右边或最后一个印刷符号右边。

6)必要时填写。

职务＿＿＿＿＿

姓名＿＿＿＿＿

签字＿＿＿＿＿

格式 2

（第 2.5.1 项）

铁路名称＿＿＿＿＿＿＿＿

清算机构名称＿＿＿＿＿＿

国际旅客联运

自＿＿＿＿＿＿铁路车站发送行李[1]包裹[1]清算表　　　第＿＿页

20＿＿年＿＿月份

运价货币＿＿＿＿＿＿

<table>
<tr><td rowspan="3">顺号</td><td colspan="2" rowspan="2">行李[1]包裹[1]运行报单</td><td colspan="2">车站</td><td rowspan="3">运送经路</td><td rowspan="3">行李[1]包裹[1]计费重量（公斤）</td><td rowspan="3">声明价格</td><td colspan="9">应付的费用</td></tr>
<tr><td rowspan="2">发站</td><td rowspan="2">到站</td><td colspan="3">给＿＿铁路</td><td colspan="3">给＿＿铁路</td><td colspan="3">给＿＿铁路</td></tr>
<tr><td>办理运行报单的日期</td><td>号码</td><td>运费</td><td>声明价格费</td><td>杂费</td><td>运费</td><td>声明价格费</td><td>杂费</td><td>运费</td><td>声明价格费</td><td>杂费</td></tr>
<tr><td>1</td><td>2</td><td>3</td><td>4</td><td>5</td><td>6</td><td>7</td><td>8</td><td>9</td><td>10</td><td>11</td><td>12</td><td>13</td><td>14</td><td>15</td><td>16</td><td>17</td></tr>
<tr><td></td><td></td><td></td><td></td><td></td><td></td><td></td><td></td><td></td><td></td><td></td><td></td><td></td><td></td><td></td><td></td><td></td></tr>
<tr><td colspan="3">共计</td><td></td><td></td><td></td><td></td><td></td><td></td><td></td><td></td><td></td><td></td><td></td><td></td><td></td><td></td></tr>
</table>

职务＿＿＿＿＿＿

姓名＿＿＿＿＿＿

签字＿＿＿＿＿＿

[1] 不用的划消。

格式 2 之 1

（第 2.5.1 项）

铁路名称＿＿＿＿＿＿＿＿＿＿＿＿

清算机构名称＿＿＿＿＿＿＿＿＿＿

国际旅客联运

行李[1]包裹[1]发送清算表

第＿＿＿页

（3）

清算表编制路＿＿＿＿＿＿＿＿　　20＿＿年＿＿月份

（4）　　（4）

运价货币＿＿＿＿＿＿＿＿

<table>
<tr><th rowspan="2">顺号</th><th colspan="2">行李[1]包裹[1]运行报单</th><th colspan="2">车站</th><th colspan="2">运送经路</th><th rowspan="2">计费重量（公斤）</th><th rowspan="2">声明价格（瑞士法郎）</th><th colspan="3">费用总计</th><th colspan="3">其中给＿铁路</th></tr>
<tr><th>日期</th><th>号码</th><th>发站</th><th>到站</th><th>全程</th><th>与其进行清算的铁路上</th><th>运费</th><th>声明价格费</th><th>杂费</th><th>运费</th><th>声明价格费</th><th>杂费</th></tr>
<tr><td>1</td><td>2</td><td>3</td><td>4</td><td>5</td><td>6</td><td>7</td><td>8</td><td>9</td><td>10</td><td>11</td><td>12</td><td>13</td><td>14</td><td>15</td></tr>
<tr><td></td><td>(2)</td><td>(6)</td><td>(4+5)</td><td>(4+5)</td><td>(4)</td><td>(10)</td><td>(10)</td><td>(10)</td><td>(10/2)</td><td>(6)</td><td>(2)</td><td>(10/2)</td><td>(6)</td><td>(2)</td></tr>
<tr><td></td><td></td><td></td><td></td><td></td><td></td><td></td><td></td><td></td><td></td><td></td><td></td><td></td><td></td><td></td></tr>
</table>

职务＿＿＿＿＿＿＿＿

姓名＿＿＿＿＿＿＿＿

签字＿＿＿＿＿＿＿＿

[1] 不用的划消。

格式 3
（第 2.5.2 项）

铁路名称__________________

清算机构名称______________

国 际 旅 客 联 运

自________向________运送行李[1]包裹[1]运送费用重新计算表

（发送国）（到达国）　　　　　　　　　　第____页

20______年______月份

运价货币__________

顺号	行李[1]包裹[1]运行报单		车站		运送经路	行李[1]包裹[1]计费重量（公斤）	按照格式 2 清算表已扣除额				实际应付				结果		理由
	办理运行报单的日期	号码	发站	到站			运费	声明价格费	杂费	总计	运费	声明价格费	杂费	总计	列______铁路收益	列______铁路收益	
1	2	3	4	5	6	7	8	9	10	11	12	13	14	15	16	17	18
共计：																	
差额：																	

职务________________

姓名________________

签字________________

[1]不用的划消。

格式 4

（第 2.6.1 项）

铁路名称____________________

清算机构名称________________

国际铁路货物联运

自________向________通过________铁路经由________国境站

（发送国）（到达国）　（过境国）

过境货物清算表　　　　第____页

20____年____月份

运价货币__________

<table>
<tr><th rowspan="2">顺号</th><th colspan="2">发送路和过境路使用的车辆</th><th colspan="2">货批</th><th colspan="2">货物的移交</th><th colspan="2">车站</th><th rowspan="2">货物名称（按运行报单）</th><th rowspan="2">货物重量（公斤）</th><th rowspan="2">货物计费重量（公斤）</th><th rowspan="2">里程（公里）</th><th colspan="2">运价</th><th colspan="3">由收货人负担[1)]向发货人核收[1)]的__铁路运程的款额</th><th rowspan="2">备注</th></tr>
<tr><th>号码</th><th>载重量</th><th>号码</th><th>日期</th><th>交接单号码</th><th>日期</th><th>发站</th><th>到站</th><th>等级</th><th>类项</th><th>运费</th><th>杂费</th><th>总计</th></tr>
<tr><td>1</td><td>2</td><td>3</td><td>4</td><td>5</td><td>6</td><td>7</td><td>8</td><td>9</td><td>10</td><td>11</td><td>12</td><td>13</td><td>14</td><td>15</td><td>16</td><td>17</td><td>18</td><td>19</td></tr>
<tr><td></td><td></td><td></td><td></td><td></td><td></td><td></td><td></td><td></td><td></td><td></td><td></td><td></td><td></td><td></td><td></td><td></td><td></td><td></td></tr>
<tr><td colspan="3">共计</td><td></td><td></td><td></td><td></td><td></td><td></td><td></td><td></td><td></td><td></td><td></td><td></td><td></td><td></td><td></td><td></td></tr>
</table>

职务________________

姓名________________

签字________________

[1)] 不用的划消。

格式 4 之 1
(第 2.6.1 项)

铁路名称__________________

清算机构名称________________

国 际 铁 路 货 物 联 运

清 算 表

第______页
(3)

编制路____发送路—到达路____支付路____运价____清算月和年____货币____

(4)　　(4)　　(4)　　(4)　　(4)　　(3)

顺号	发站	批号	发送日期(月，日)	车号[1]，车数	载重量[2]	国境站		交接单号码	交接月和日	里程(公里)	实际重量(公斤)	计费重量(公斤)	项号、等级、类项号码	运费	杂费	总计	经路代码
						进口	出口										
1	2	3	4	5	6	7	8	9	10	11	12	13	14	15	16	17	18
	(6)	(6)	(4)	(12)	(3)	(4)	(4)	(5)	(4)	(5)	(7)	(9)	(6)	(13)	(13)	(13)	(2)
合计*：																	

职务________________

姓名________________

签字________________

* 在报表末尾注明。

格式 5
（第 2.6.3 项）

铁路名称____________________

清算机构名称________________

国 际 铁 路 货 物 联 运

自______向______通过______铁路经由______国境站

（发送国）（到达国） （过境国）

过境货物运送费用重新计算表 第______页

20____年____月份

运价货币__________

格式 4 清算表中的顺序号码	货　批		按照格式 4 清算表已扣除额			实际应付			结　果		理由
	号码	日期	运费	杂费	总计	运费	杂费	总计	列______铁路收益	列______铁路收益	
1	2	3	4	5	6	7	8	9	10	11	12
			共计：								
			差额：								

职务________________

姓名________________

签字________________

格式 6
（第 2.7 项）

铁路名称____________________

清算机构名称________________

国 际 旅 客 联 运

__________**铁路客车在**__________**铁路上走行清算表** 第____页

（车辆所属国）　　　　（车辆运行国）

20____年____月份

<table>
<tr><th rowspan="3">顺号</th><th rowspan="3">车辆号码</th><th rowspan="3">车辆种类</th><th rowspan="3">轴数</th><th colspan="8">__________铁路国境站</th><th rowspan="3">车辆往返走行的公里数</th><th rowspan="3">车轴公里数</th><th rowspan="3">备注</th></tr>
<tr><th colspan="5">往</th><th colspan="3">返</th></tr>
<tr><th>接收日期</th><th>车次</th><th>到站</th><th>向邻路交车日期</th><th>接收铁路名称</th><th>接收日期</th><th>车次</th><th>向邻路交车日期</th></tr>
<tr><td>1</td><td>2</td><td>3</td><td>4</td><td>5</td><td>6</td><td>7</td><td>8</td><td>9</td><td>10</td><td>11</td><td>12</td><td>13</td><td>14</td><td>15</td></tr>
<tr><td></td><td></td><td></td><td></td><td></td><td></td><td></td><td></td><td></td><td></td><td></td><td></td><td></td><td></td><td></td></tr>
<tr><td></td><td></td><td></td><td></td><td colspan="2">共计：</td><td></td><td></td><td></td><td></td><td></td><td></td><td></td><td></td><td></td></tr>
</table>

______铁路与______铁路联运中客车完成的车轴公里数总计为________，应付款额为__________瑞士法郎。

职务________________

姓名________________

签字________________

格式 8
（第 2.8.1 项和第 2.14 项）

铁路名称____________________
清算机构名称________________

国 际 铁 路 货 物 联 运

货车[1] 和集装箱[1] 使用费清算表第______号

在______铁路上使用______铁路的货车[1] 和集装箱[1]

________________铁路________________接收站

________________铁路________________交付站

[1]不需要的划消。

20 ______年______月份

20 ______年______月______日编制

续格式 8
第______页

顺号	车辆和集装箱号码	车辆和集装箱种类	轴数	接收					交付					车辆和集装箱使用时间			使用费（瑞士法郎）	备注
				重车或空车	日期		接收站	车辆交接单号码	重车或空车	日期		交付站	车辆交接单号码	总日数/小时数	不应付费日数/小时数	应付费日数/小时数		
					日	时				日	时							
1	2	3	4	5	6	7	8	9	10	11	12	13	14	15	16	17	18	19
共计：																		

职务________________

姓名________________

签字________________

格式 9
（第 2.8.1 项和第 2.14 项）

铁路名称____________________

清算机构名称________________

国 际 铁 路 货 物 联 运

在__________铁路上使用

__________铁路货车[1] 和集装箱[1] 应付款额汇总表

20 ______年______月份

顺　号	清算表号码	国境站	车辆和集装箱数量	车日/小时数，箱日数	车辆和集装箱使用费总款额（瑞士法郎）	备　注
1	2	3	4	5	6	7
共计：						

____
（大写金额）

[1] 不需要的划消。

职务________________

姓名________________

签字________________

格式 9 之 1
（第 2.19 项）

铁路管理机构名称____________

清算机构名称______________

国际货物联运清算表

在________铁路上使用________货车转向架的费用

（车辆行经国）　　（货车转向架所属国）

在________车站对________货车进行换轮的费用清算表

（车站名称、代码）（货车所属国，国家代码）

20______年______月

顺号	号码	轴数	车辆交付单号	交付日期	交付时间	交付的重车/空车	车辆接收单号	接收日期	接收时间	接收的重车/空车	使用的小时数	使用费（瑞士法朗）
1	2	3	4	5	6	7	8	9	10	11	12	13
	共计：											

签字______________

格式 10
(第 2.8.2 项和第 2.14 项)

铁路名称____________________
清算机构名称__________________

国 际 铁 路 货 物 联 运

货车[1] 和集装箱[1] 使用费重新计算表

20______年______月份

在__________铁路上使用__________铁路的货车和集装箱

本第__________号重新计算表签认的款额计

__________瑞士法郎

[1]不需要的划消。

职务__________________
姓名__________________
签字__________________

续格式10

第______页

顺号	车辆[1]和集装箱[1]号码	基本清算表			接收				交付				使用小时数			按清算表已付款额	应付使用费款额	理由	应补付——	应退还——	备注
		号码	页号	顺号	日	时	接收站	车辆交接单号码	日	时	交付站	车辆交接单号码	总计	优惠的	付费的	（瑞士法郎）			（瑞士法郎）		
1	2	3	4	5	6	7	8	9	10	11	12	13	14	15	16	17	18	19	20	21	22
	总计																				

[1]不需要的划消。

职务________________

姓名________________

签字________________

格式 10 之 1
（第 2.8.2 项和第 3.2 项）

铁路名称__________________

清算机构名称______________

国 际 铁 路 货 物 联 运

货车[1] 和集装箱[1] 使用费补充清算表

20 _____ 年 _____ 月份

在________铁路上使用________铁路的货车和集装箱

本第_____号补充账单签认的款额计

________瑞士法郎

[1]不需要的划消。

职务_______________

姓名_______________

签字_______________

续格式 10 之 1

第______页

顺号	车辆和集装箱号码	接收				交付				使用小时数			应付使用费款额	理由	应补付款额	备注
		日	时	接收站	车辆交接单号码	日	时	交付站	车辆交接单号码	总计	优惠的	付费的	（瑞士法郎）		（瑞士法郎）	
1	2	3	4	5	6	7	8	9	10	11	12	13	14	15	16	17
	共计：															

[1]不需要的划消。

职务________________

姓名________________

签字________________

格式 11
（第 2.9 项）

铁路名称＿＿＿＿＿＿＿＿＿＿
清算机构名称＿＿＿＿＿＿＿＿

国际铁路货物联运

交付货物的＿＿铁路＿＿国境站上

货物换装[1]换轮[1]费账单

20＿＿＿年＿＿＿月份

<table>
<tr><th rowspan="2">顺号</th><th rowspan="2">车辆号码[2]</th><th colspan="2">运行报单</th><th rowspan="2">交接单号码</th><th rowspan="2">货物名称</th><th rowspan="2">货物重量</th><th rowspan="2">换装[1]换轮[1]货物加固和轮对设备费[1]的费率（瑞士法郎）</th><th rowspan="2">换装[1]换轮[1]费款额（瑞士法郎）</th><th rowspan="2">货物加固和车辆设备费款额（瑞士法郎）</th><th rowspan="2">备注</th></tr>
<tr><th>号码</th><th>日期</th></tr>
<tr><td>1</td><td>2</td><td>3</td><td>4</td><td>5</td><td>6</td><td>7</td><td>8</td><td>9</td><td>10</td><td>11</td></tr>
<tr><td></td><td></td><td></td><td></td><td></td><td></td><td></td><td></td><td></td><td></td><td></td></tr>
<tr><td colspan="2">共计：</td><td colspan="2"></td><td></td><td></td><td></td><td></td><td></td><td></td><td></td></tr>
</table>

＿＿＿＿＿＿＿＿＿＿
（款额应大写）

交付站戳记

站长＿＿＿＿＿＿

20＿＿年＿＿月＿＿日

接收站戳记

站长＿＿＿＿＿＿

20＿＿年＿＿月＿＿日

[1] 不用的划消；

[2] 换装时，分子处写原装的车辆号码，分母处写新装的车辆号码。

格式 13
(第 4.3 项)

铁路名称____________________

清算机构名称________________

国 际 铁 路 联 运

____________铁路与____________铁路间清算结算表

截至 20 ______年______月______日

<table>
<tr><td rowspan="3">顺号</td><td rowspan="3">清　算　项　目</td><td colspan="6">应　　付</td></tr>
<tr><td colspan="3">给__________铁路</td><td colspan="3">给__________铁路</td></tr>
<tr><td>CHF</td><td>EUR</td><td>USD</td><td>CHF</td><td>EUR</td><td>USD</td></tr>
<tr><td>1</td><td>2</td><td>3</td><td>4</td><td>5</td><td>6</td><td>7</td><td>8</td></tr>
<tr><td></td><td></td><td></td><td></td><td></td><td></td><td></td><td></td></tr>
<tr><td colspan="2">共　　计:</td><td></td><td></td><td></td><td></td><td></td><td></td></tr>
</table>

差额:____________________

职务__________

姓名__________

签字__________

格式 13 之 1
（第 4.3 项）

铁路名称__________________

清算机构名称______________

国 际 铁 路 联 运

__________铁路与__________铁路间清算结算表

截至 20 _____年_____月_____日

顺号	清　算　项　目	应　付					
		给_______铁路			给_______铁路		
		CHF	EUR	USD	CHF	EUR	USD
1	2	3	4	5	6	7	8
（1）	月初余额 (____ EUR/____ USD)	X					
（2）	收到的付款或多边清偿款额 (____ EUR/____ USD)				Y		
（3）	_____月周转额 1……（清算项目） 2……（清算项目） 3……（清算项目） 4……（清算项目） 5……（清算项目）						
	用每种货币表示的总额						
	用每种货币表示的差额						
	货币折算汇率 1. 2.						
	_____月总余额 (____ EUR/____ USD)	Z					
（4）	_____月末余额(____ EUR/____ USD)	X-Y+Z					

职务__________

姓名__________

签字__________

格式 14
（第 2.11 项）

铁路名称____________________

清算机构名称________________

国 际 铁 路 联 运

20 ______年______月份__________区段内

交接列车完成车轴公里表

____铁路列车在______区段内完成____公里					____铁路列车在______区段内完成____公里				
月日	车次	车数	轴数	车辆交接单号码	月日	车次	车数	轴数	车辆交接单号码

共计：车　　轴__________

车轴公里__________

每一车轴公里按__________瑞士法郎的费率计算，应付给__________铁路的款额为________________（大写）

车 站 戳 记	车 站 戳 记

站长________________________　　站长________________________

20 ______年______月______日　　20 ______年______月______日

格式 15
（第 2.10 项）

铁路名称＿＿＿＿＿＿＿＿＿＿

清算机构名称＿＿＿＿＿＿＿＿

国 际 旅 客 联 运

＿＿＿＿＿＿车站直通联运客车换轮清算表

20＿＿＿年＿＿＿月份

顺号	车辆号码	换 轮 日 期		联 运	换轮次数	备 注
		往程	返程			

共计换轮次数＿＿＿＿＿＿＿＿

应由下列铁路负担：

（铁路）　（换轮次数）　（换轮费）　（以瑞士法郎计的款额）

（铁路）　（换轮次数）　（换轮费）　（以瑞士法郎计的款额）

（铁路）　（换轮次数）　（换轮费）　（以瑞士法郎计的款额）

职务＿＿＿＿＿

姓名＿＿＿＿＿

签字＿＿＿＿＿

格式 16

（第 2.12 项、第 2.13 项和第 2.20 项）

铁路名称__________________

清算机构名称________________

__________城市

20____年____月____日

账 单 第 ____________ 号

__________________铁路局

应付给___________铁路的___________费用

20______年______月份

顺号	账单的内容和据以编制账单的文件	计算单位	单位数量	单位费额（费率）	规定支付额的根据	款额	备注
1	2	3	4	5	6	7	8
共计							

总计应付给__________________铁路的款额为__________________瑞士法郎

（款额应大写）

职务__________

姓名__________

签字__________

注：国境站编制的账单，由双方人员签字并加盖车站戳记证明。

格式 18
(第 2.15 项)

铁路名称________________ 车站________________
清算机构名称________________

________卧车列车员交款报表

20____年____月份

顺号	交款日期	收据号码	接 收		姓 名	
			货币	款额	交款列车员	收款出纳员

合计:____

(款额应大写)

站长____________

20____年____月____日

格式 19
（第 4.4 项）

铁路名称____________________

清算机构名称________________

对 账 单

______铁路与______铁路进行相互清算

截至 20______年______月______日

应付给__________铁路的款额			单据号码	清算项目	清算期	应付给__________铁路的款额		
CHF	EUR	USD				CHF	EUR	USD
				共计				
				差额				

职务__________

姓名__________

签字__________

格式 20
（第 4.4 项）

铁路名称__________________

清算机构名称______________

____________铁路与____________铁路间根据对账单的支付(结算)表

（铁路名称）　　　（铁路名称）

截至 20 ______年______月______日

债务				债权		
CHF	EUR	USD		CHF	EUR	USD
			____________对账单 （铁路名称） ____________对账单 （铁路名称）			
			共计			
			差额			

货币折算汇率：

1.

2.

收支差额为__________瑞士法郎，列_________铁路收益。

20 ______年______月______日由______________编制

（编制日期）　　　　　　（姓名）

清算机构领导____________

（签字）

格式 20 之 1
（第 4.4 项）

铁路名称＿＿＿＿＿＿＿＿＿＿

清算机构名称＿＿＿＿＿＿＿＿

＿＿＿＿＿铁路与＿＿＿＿＿铁路间根据对账单的支付(结算)表

（铁路名称）　（铁路名称）

截至 20 ＿＿年＿＿月＿＿日

债　务				债　权		
CHF	EUR	USD		CHF	EUR	USD
X			月初余额 (＿＿ EUR/＿＿ USD)			
			收到的付款或多边清算款额 (＿＿ EUR/＿＿ USD)	Y		
			＿＿月周转额 1. ＿＿＿＿对账单 （铁路名称） 2. ＿＿＿＿对账单 （铁路名称）			
			用每种货币表示的总额			
			用每种货币表示的差额			
			货币折算汇率： 1. 2.			
Z			＿＿月总余额 (＿＿ EUR/＿＿ USD)			
X-Y+Z			月末余额 (＿＿ EUR/＿＿ USD)			

制表人＿＿＿＿＿＿

（姓　名）

清算机构领导＿＿＿＿＿＿

（签　字）

20 ＿＿年＿＿月＿＿日

格式 21
（第 4.7 项）

铁路名称及编码________________

清算机构名称__________________

________________间国际客货联运付款逾期罚金清算表

（铁路名称）

第________页

清算截止________________
（日期）

支付（结算）表	__收益的结余金额（瑞士法郎）		支付期限	偿付债务		计算罚金的款额	计算罚金的期限		逾期天数	付款逾期利息%	付款逾期罚金金额（瑞郎）
	共计	其中罚金		日期	金额（瑞郎）		开始计算日期	停止计算日期			
1	2	3	4	5	6	7	8	9	10	11	12
共计：											

20______年______________
（制表日期）

清算机构经理（领导）______________
（姓名）

制表人______________
（姓名、职务）

戳　　记

签字______________

签字____________

格式 22
(第 2.8.1 项)

铁路债务报告单

寄送截至 20 ____年____月____日的相互清算资料(以千瑞士法郎计,小数点后保留两位)

(包括 20 ____年____月____日已付款额,但不包括____月日常付款)

顺号	铁路行政机关	他路拖欠的债务	拖欠他路的债务
1	2	3	4
(1)	阿(塞)铁		
(2)	白铁		
(3)	保铁		
(4)	匈铁		
(5)	越铁		
(6)	格铁		
(7)	伊铁		
(8)	哈铁		
(9)	吉铁		
(10)	中铁		
(11)	朝铁		
(12)	拉铁		
(13)	立铁		
(14)	摩铁		
(15)	蒙铁		
(16)	波铁		
(17)	俄铁		
(18)	罗铁		
(19)	斯(货)铁		
(20)	塔铁		
(21)	土铁		
(22)	乌(兹)铁		
(23)	乌(克)铁		
(24)	捷铁		
(25)	爱铁		
	共计:		
	差额:		

备注:该报告单

截至当年 1 月 31 日,1 月份结算表或支付表中的款额不计在内,但包括当年 1 月份收到的付款。

截至当年 7 月 31 日,7 月份结算表或支付表中的款额不计在内,但包括当年 7 月份收到的付款。

格式 23
(第 2.8.1 项)

货车使用费和转向架使用费清算表文件结构

序　号	指标名称	字符数
1	车号及国家代码	12
2	轴数	2
3	备用	2
接收		
4	国境站代码	4
5	接收日期和时间(日、月、年、时)	8
6	车辆交接单号	5
7	车辆状态(重[1]/空[0])	1
8	备用	2
交付		
9	车辆状态(重[1]/空[0])	1
10	车辆交接单号	5
11	交付日期和时间(日、月、年、时)	8
12	国境站代码	4
13	接收路代码	2
14	交付路代码	2
15	备用	2
使用时间		
16	使用小时总数	5
17	使用天数	3
18	减免时间	5
19	减免代码	2
20	应付费的小时/天数	5
费用		
21	车辆使用费	7
22	转向架使用费	7
23	车辆所属者收益的费用	7
行中的字符数共计		101

在清算表末尾应注明所传文件的总行数。

备注:ДД—日、ММ—报告月份、ГГ—报告年度、чч—时间(时)

文件名称:应反映使用路、所属路信息,以及报告月份和年度。

填写第 19 行时,采用文件结构附件 1 中所载的车辆使用费减免代码。

车辆使用费减免代码

减免代码	减免原因	减免时间	依　据
02	接收的车辆有隐蔽技术故障，造成无法装车或卸车	全程	货车规则第 8.3.7.8 项
04	租用车辆和自备车辆	全程	货车规则第 9.7 项
07	对编入列车中作为隔离或保证闸瓦压力的空车，不计算使用费	全程	货车规则第 8.3.4 项
08	使用连挂空车	48 小时	货车规则第 8.3.8 项
10	更换到他路转向架上的车辆	—	货车规则第 8.1 项
14	更换到他路转向架上的租用车辆和自备车辆	全程	货车规则第 9.7 项

附件 3

国际旅客联运和铁路货物联运清算规则协约参加国铁路银行要项

铁路银行要项一览表

——对阿塞拜疆铁路股份公司(阿[塞]铁)

阿塞拜疆国际银行纳格利亚特分行

	SWIFT:IBAZAZ2X
	КОД:805711
	ИНН:9900001881
代理银行账号:	0137010002944
地　址:	巴库,苏列伊马纳拉吉莫娃街 138 号
	电话:(+99412)5962395
	电话:(+99412)5962283

"阿塞拜疆国家铁路财务处"

	ИНН:9900007721
账　号:	33306019449345061205 (AZN)
	33316018409345061205 (USD)
	33306019789345061205 (EUR)
	33316018109345061205 (RUR)
	33316017569345061205 (CHF)

International Bank of Azerbaidjan Nagliyyat branch

	SWIFT:IBAZAZ2X
	Code:805711
	INN:9900001881
Correspondent account:	0137010002944
Adress:	Baku,Suleyman Ragimov street 138
	tel. :(+99412) 5962395

tel. :(+99412) 5962283

Finance department of Azerbaidjan Railways CISC

INN:9900007721

Accounts:	33306019449345061205 (AZN)
	33316018409345061205 (USD)
	33306019789345061205 (EUR)
	33316018109345061205 (RUR)
	33316017569345061205 (CHF)

——对白俄罗斯铁路(白铁)

Bank details of BC

For USD

收款人银行: (Bank-beneficiary)	Joint Stock Savings Bank "Belarusbank", Belarus, Minsk SWIFT - Code: AKBBBY2X Account number 3582021714001 SWIFΓ- code: SCBLUS33

Correspondent bank of the bank- beneficiary

Standard Chartered Bank, New York

收款人: (Beneficiary)	branch № 527 "Belzeldor" for State association "Belarusan railway" Account 3012600598405 Tax code 100088574 OKPO code 00047792 BLZ (MFO code) 153001254

For EUR

1) Beneficiary bank	Joint Stock Company《Savings Bank《Belarusbank》, Republic of Belarus, Minsk SWIFT-code: AKBBBY2X Account number 69 105 548

	SWIFT-code: HYVEDEMM
Correspondent bank of Beneficiary bank	UNICREDIT BANK AG. (Hypovereinsbank), Muenchen
Beneficiary	branch № 527《Belsheldor》for State Association《Belarusian Railway》 Account number 3012600599547 Tax code 100088574, OKPO code 00047792, BLZ (MFO code) 153001254
2) Beneficiary bank	Joint Stock Company《Savings Bank《Be-larusbank》, Republic of Belarus, Minsk SWIFT-code: AKBBBY2X Account number 400886596600 EUR SWIFT -code: COBADEFF
Correspondent bank of Beneficiary bank	COMMERZBANK AG, Frankfurt am Main
Beneficiary :	branch № 527《Belsheldor》for State Association《Belarusian Railway》, Account number 3012600599547 Tax code 100088574 OKPO code 00047792 BLZ (MFO code) 153001254

For CHF

Bank-beneficiary	Joint Stock Savings Bank《Belarusbank》, Belarus, Minsk SWIFT-code: AKBBBY2X Account number 905039-53 SWIFT - code: CRESCHZZ80A

Correspondent bank of the bank- beneficiary

	Credit Suisse, Zurich
Beneficiary:	branch № 527 "Belzeldor" for State association "Belarusan railway"
	Account счет 3012600597565
	Tax code 100088574
	OKPO code 00047792
	BLZ (MFO code) 153001254

——对"保加利亚国家铁路"控股公司(保铁)

收款人: (Beneficiary)	**Bulgarian State Railways, Sofia, BG**
收款人银行: (Beneficiary's bank)	UNITED BULGARIAN BANK,
	Sveta Sofia Branch SWIFT code - UBBSBGSF, Bank code - 20078270
银行地址: (Bank address)	7a, Sveta Sofia Street, Sofia, Bulgaria
账　号: (Beneficiary's account)	BG74 UBBS 7827 1113 7065 02 BG64 UBBS 7827 1313 7065 20 BG38 UBBS 7827 1413 7065 19
汇款代理银行: (Correspondent bank)	
CHF:	SWITZERLAND - UBS AG - ZÜRICH SWIFT CODE - UBSWCHZH80A Acct: 58.006.05 V
USD:	AMERICAN EXPRESS BANK, N. Y. SWIFT CODE - AEIBUS33 Acct: 000711663
EUR:	DEUTSCHE BANK Fr/M SWIFT CODE - DEUTDEFF

Acct:923463400

——对“匈牙利国家铁路”股份公司(匈铁)

银行名称:	**Kereskedelmi és Hitelbank Nyrt.**
银行地址:	1051 - Budapest, Magyar Köztársaság Vigadó tér 1
银行账号:	EUR 1020 1006 6001 7284
ИБАН 代码:	HU25 1020 1006 6001 7284 0000 0000 SWIFT. CODE:OKHBHUHB

——对越南铁路(越铁)

收款人:	**VIETNAM RAILWAYS**
收款人银行:	BANK FOR FOREIGN TRADE OF VIET NAM (VIETCOMBANK)
收款人银行地址:	198 Tran Quang Khai, Hanoi Telex:411504/411229 VCB - VT Tel:84-4-825 1322 或 84-4-824 0976 Fax:84-4-826 9067 S. W. I. F. T: BFTV VNVX TGMS:VIETCOMBANK
CHF	Acct No:001-1-39-008900-0
USD	Acct No:001-0-37-000971-8
EUR	Acct No:001-1-14-036563-0

——对“格鲁吉亚铁路”有限责任公司(格铁)

CHF:

INTERMEDIARY BANK:	UBS AG ZÜRICH SWITZERLAND SWIFT:UBSWCHZH80A
BENEFICIARY“S BANK:	JSC“VTB BANK (GEORGIA)” DIDUBE BRANCH

	SWIFT:UGEBGE22665
BENEFICIARY:	**GEORGIAN RAILWAY LTD**
	Acc:≠ 373417 CHF

USD:

INTERMEDIARY BANK:	CITIBANK N. A. NEW YORK,USA
	SWIFT: CITIUS 33
	ABA ROUTING:021000089
	Correspondent account:36021436
BENEFICIARY'S BANK:	VTB BANK GEORGIA,
	DIDUBE BRANCH,
	SWIFT:UGEBGE22665
BENEFICIARY:	**GEORGIAN RAILWAY LTD**
	Acc. :≠373417 USD

——对"哈萨克斯坦铁路"国有股份公司(哈铁)

	注册号码:11867-1901-AO
收款人:	**哈萨克斯坦铁路国有股份公司(AO《Национальная компания《Қазакстан темір жолы》)**
USD	KZ1883201D0250053029
Beneficiary's Bank:	JSC《Citibank Kazakhstan》
	Swift - CITIKZKA
Correspondent Bank:	Citibank New York,
	Swift - CITIUS33
	c/a 36025525

CHF	KZ2283201F0250053053
Beneficiary's Bank:	JSC《Citibank Kazakhstan》
	Swift - CITIKZKA
Correspondent Bank:	Citibank London

Swift - CITIGB2L
c/a 10659886

EUR	KZ9883201R0250053134
Beneficiary's Bank:	JSC《Citibank Kazakhstan》
	Swift - CITIKZKA
Correspondent Bank:	Citibank London
	Swift - CITIGB2L
	c/a 8571023

——对"国有吉尔吉斯斯坦铁路公司"国家企业(吉铁)

收款人:	**"国有吉尔吉斯斯坦铁路公司"国家企业(GP NK KYRGYZ TEMIR DGOLU)**
	720009,比什凯克,列夫·托尔斯泰街83号

USD

Beneficiary:	**"国有吉尔吉斯斯坦铁路公司"国家企业**
	ACC №7598402001303883
Beneficiary Bank:	OJSC《DOS-CREDOBANK》,
	BISHKEK,KYRGYZ REPUBLIC
	SWIFT:DOSSKG22
Acc. No. in Receiver's Correspondent:	30111840000000000043
Receiver's Correspondent:	RUSSLAVBANK CJSC
	Moscow,Russia
	ACCOUNT:04414139
	SWIFT:RSLBRUMM
Intermediary Institution:	
(中间行)	Deutsche Bank Trust Company
	Americas,New York,USA
	SWIFT:BKTRUS33

EUR

Beneficiary:	**"国有吉尔吉斯斯坦铁路公司"国家企业**
	ACC №7599782001303883
Beneficiary Bank:	OJSC DOS-CREDOBANK,
	BISHKEK,KYRGYZ REPUBLIC
	SWIFT:DOSSKG22
Acc. No. in Intermediary Bank:	488-5917487-36
Intermediary Institution: (中间行)	KBC BANK
	BRUSSELS,BELGIUM
	SWIFT:KREDBEBB

CHF

Beneficiary:	**"国有吉尔吉斯斯坦铁路公司"国家企业**
	ACC №7597562001303883
Beneficiary's Bank:	OJSC《DOS-CREDOBANK》
	BISHKEK,KYRGYZ REPUBLIC
	SWIFT:DOSSKG22
Acc. No. in Intermediary Bank:	30111756000000000043
Intermediary Bank:	RUSSKY SLAVIANSKY BANK
	MOSCOW,RUSSIA
	SWIFT:RSLBRUMM
Intermediary Institution: (中间行)	ACCOUNT №CH5509000000910001358
	SWISS POST,POSTFINANCE
	NORDRING 8,3030 BERN,SWITZERLAND
	SWIFT:POFI CH BE

——对中国铁路(中铁)

EUR

收款人： **International Transport Clearing Center of the Ministry of Railways the People's Republic of China**

收款人地址： 10 Fuxing Road, Haidian District, Beijing 100844, China

收款人银行名称： Industrial and Commercial Bank of China Beijing Municipal Branch, Beijing, PRC SWIFT Address: ICBKCNBJBJM

收款人银行地址： Tower B, Tianyin Building No. 2, Fuxingmen South Street, Xicheng District, Beijing 100031, China

收款人账号： 057010-73

代理银行： Industrial and Commercial Bank of China, Frankfurt Branch SWIFT Address: ICBKDEFF

代理银行账号： A/C № 9000010401 SWIFT Address: ICBKCNBJBJM

CHF：

收款人： **International Transport Clearing Center of the Ministry of Railways the People's Republic of China**

收款人地址： 10 Fuxing Road, Haidian District, Beijing 100844, China

收款人银行名称： Industrial and Commercial Bank of China Beijing Municipal Branch, Beijing, PRC SWIFT Address: ICBKCNBJBJM

收款人银行地址： Tower B, Tianyin Building № 2, Fuxingmen

South Street, Xicheng District,
Beijing 100031, China

收款人账号：057010-73

代理银行：Credit Suisse (Head Office), Zurich
SWIFT Address: CRESCHZZ80A

代理银行账号：A/C № 0835092440683000
SWIFT Address: ICBKCNBJ

USD：

收 款 人：**International Transport Clearing Center of the Ministry of Railways the People's Republic of China**

收款人地址：10 Fuxing Road, Haidian District,
Beijing 100844, China

收款人银行名称：Industrial and Commercial Bank of China
Beijing Municipal Branch, Beijing, PRC
SWIFT Address: ICBKCNBJBJM

收款人银行地址：Tower B, Tianyin Building № 2, Fuxingmen
South Street, Xicheng District,
Beijing 100031, China

收款人账号：057010-73

代理银行：JPMORGAN CHASE BANK, NATIONAL ASSOCIATION, NEW YORK CITY, NEW YORK
SWIFT Address: CHASUS33

代理银行账号：A/C No. 001043718
SWIFT Address: ICBKCNBJBJM

——对朝鲜铁路(朝铁)

Beneficiary：FOREIGN TRADE BANK OF DPR KOREA

Pyongyang,D. P. R. of Korea
SWIFT CODE:FTBD KP PY
A/C №:DE06300 50 0000 0000 10831
INTERNATIONAL TRANSPORT
CLEARING OFFICE OF THE MINISTRY
OF RAILWAYS,
Pyongyang,D. P. R. of Korea
A/C №:421/11704 with FOREIGN TRADE
BANK OF DPR KOREA

BENEFICIARY BANK: WESTLB AG,DUSSELDORF,GERMANY
ADD:HERZOGSTRASSE 15,
DUESSELDORF,GERMANY
SWIFT CODE:WELA DE DD

CHF:

BENEFICIARY: FOREIGN TRADE BANK OF DPR KOREA
Pyongyang,D. P. R. of Korea
SWIFT CODE:FTBD KP PY
A/C №:30111 756700000000001
INTERNATIONAL TRANSPORT CLEARING
OFFICE OF THE MINISTRY OF RAILWAYS,
Pyongyang,D. P. R. of Korea
A/C № 421/11704 with FOREIGN TRADE
BANK OF DPR KOREA

BENEFICIARY BANK: FAR EASTERN COMMERCIAL BANK ,
KHABAROVSK,RUSSIA
ADD: 27 GOGOLYA UL, KHABAROVSK,RUSSIA
SWIFT CODE:FAEC RU 8K

CORRESPONDENT BANK: DONAU - BANK AG,VIENNA

SWIFT CODE:DOBA AT WW

——对"拉脱维亚铁路"国家股份公司(拉铁)

收款人: 拉铁货运有限责任公司

收款人地址: ул. Дзирнаву,147,К-1,Рига, Латвия,LV-1547

邮箱地址 ул. Гоголя 3,Рига,Латвия,LV-1547

注册号 40003788421

增值税支付人代码 LV 40003788421

代理银行:

USD:

Correspondent bank: JPMORGAN CHASE BANK , NEW YORK,
S. W. I. F. T. :CHASUS33

In favour of: Nordea Bank Finland Plc Latvijas filiāle
S. W. I. F. T. : NDEALV2X

Correspondent account: 400709600

Beneficiary: LDZ CARGO

IBAN account: LV86NDEA0000082999867

CHF:

Correspondent bank: Nordea Bank Finland Plc,Helsinki
S. W. I. F. T. : NDEAFIHH

In favour of: Nordea Bank Finland Plc Latvijas filiāle
S. W. I. F. T. : NDEALV2X

Correspondent account: 200068-08001427

Beneficiary: LDZ CARGO

IBAN account: LV42NDEA0000082999883

EUR:

Correspondent bank:	Nordea Bank Finland Plc, Helsinki S. W. I. F. T. NDEAFIHH
In favour of:	Nordea Bank Finland Plc Latvijas filiāle S. W. I. F. T. :NDEALV2X
Correspondent account:	200068-08001492
Beneficiary:	LDZ CARGO
IBAN account:	LV35NDEA0000082020309

——对"立陶宛铁路"股份公司(立铁)

银行:	AB SEB bankas
外汇账号(按 IBAN 标准):	LT12 7044 0600 0567 1860 S. W. I. F. T. :CBVI LT 2X
收款人:	AB "Lietuvos geležinkeliai" Mindaugo g. 12/14, Vilnius, LT-03603, Lietuvos Respublika **"立陶宛铁路"股份公司** 立陶宛共和国,LT-03603,维尔纽斯,明达乌戈街 12/14 号
代理银行资料:	
EUR	DRESDNER BANK Frankfurt S. W. I. F. T. :DRES DE FF
CHF	UBS AG Zürich S. W. I. F. T. :UBSWCHZH80A
USD	BANKERS TRUST COMPANY, New York S. W. I. F. T. :BKTR US 33

——对"摩尔多瓦铁路"国家企业(摩铁)

USD

Beneficiary:	İS"Calea Ferata din Moldova"

	Count 2224722024451
Beneficiary Bank:	Bank:Joint-Stock Commercial Bank 《Banca Sociala》
	SWIFT:BSOCMD 2X
	BRANCH MRO,Chisinau Moldova

Name of the bank correspondent:

Citibank N. A. USA of New York
S. W. I. F. T. :CITIUS 33 XXX
Account 36129543
Address:V. Pircalab 48
City Chisinau,Index 2012

CHF

Beneficiary:	İS"Calea Ferata din Moldova"
	Count 2224722024453
Beneficiary Bank:	Bank:Joint-Stock Commercial Bank 《Banca Sociala》
	SWIFT:BSOCMD 2X
	BRANCH MRO,Chisinau Moldova

Name of the bank correspondent:

Credit Suisse Switzerland
S. W. I. F. T:CRESCHZZ 80A
Account 0835-0929137-63-000
Address:V. Pircalab 48
City Chisinau,Index 2012

EUR

Beneficiary:	İS"Calea Ferata din Moldova"
	Count 2224722024452
Beneficiary Bank:	Bank:Joint-Stock Commercial Bank

	《Banca Sociala》
	SWIFT:BSOCMD 2X,Chisinau Moldova
Bank correspondents:	Commerzbank AG,Germany,Frankfurt/Main
	SWIFT:COBADEFFXXX
	Account 400887008101 EUR
	Address:V. Pircalab 48
	City Chisinau,Index 2012

——对俄蒙股份公司乌兰巴托铁路局(蒙铁)

USD:

Beneficiary:	MONGOLIAN - RUSSIAN JOINT STOCK COMPANY ULAANBAATAR RAILWAY
Beneficiary's acct:	499026009
Beneficiary's bank:	TRADE AND DEVELOPMENT BANK OF MONGOLIA,Ulaanbaatar,Mongolia SWIFT:TDBM MN UB
Correspondent bank:	STANDART CHARTERED BANK, NEW YORK,USA SWIFT:SCBL US 33

CHF:

Beneficiary:	MONGOLIAN-RUSSIAN JOINT STOCK COMPANY ULAANBAATAR RAILWAY
Beneficiary's acct:	499026065
Beneficiary's bank:	TRADE AND DEVELOPMENT BANK OF MONGOLIA,Ulaanbaatar,Mongolia SWIFT:TDBM MN UB
Correspondent bank:	CREDIT SUISSE (HEAD OFFICE) ZÜRICH,SWITZERLAND SWIFT:CRES CH ZZ 80A

EUR:

Beneficiary:	MONGOLIAN - RUSSIAN JOINT STOCK COMPANY ULAANBAATAR RAILWAY
Beneficiary's acc:	499051127
Beneficiary's bank:	TRADE AND DEVELOPMENT BANK OF MONGOLIA, Ulaanbaatar, Mongolia SWIFT: TDBM MN UB
Correspondent bank:	1. ING BELGIUM NV/SA, BRUSSELS, BELGIUM SWIFT: BBRU BE BB 010 2. DRESDNER BANK AG, FRANKFURT AM MAIN, GERMANY SWIFT: DRESDEFF 3. COMMERZBANK AG, FRANKFURT AM MAIN, GERMANY SWIFT: COBA DE FF

——对波(货)铁

收款人:	PKP CARGO S. A. Centrala Centralne Biuro Rozrachunków ul. Sobieszewska 3 85-713 Bydgoszcz
收款人银行:	BRE BANK S. A. Oddział Korporacyjny Katowice
银行地址:	ul. Powstańcòw 43 40-024 Katowice POLSKA
银行账号:	EUR: PL36 1140 1078 0000 2172 4300 1008 CHF: PL79 1140 1078 0000 2172 4300 1010 USD: PL09 1140 1078 0000 2172 4300 1009

S. W. I. F. T. :BREXPLPWKAT

——对俄罗斯铁路(俄铁)

收款人: **Joint Stock Company《Russian Railways》**

收款人地址: 2,Novaya Basmannaya street,107174 Moscow,Russia

收款人银行: **TransCreditBank**

S. W. I. F. T. TRCDRUMM

代理银行:

USD: THE BANK OF NEW YORK MELLON, NY

One Wall Street,New York,NY 10286,USA

S. W. I. F. T. Code: IRVT US 3N

ACC. 890-0548-568 with THE BANK OF NEW YORK MELLON,NY

S. W. I. F. T. Code: TRCDRUMM

In favour Joint Stock Company "Russian Railways"

Account 40702840500001003001

JP Morgan Chas Bank

One Chase Manhattan Plaza,New York,NY 10005,USA

S. W. I. F. T. Code: CHASUS33

ACC 400 207982 of TRANSCREDITBANK, Moscow,Russia

S. W. I. F. T. Code: TRCDRUMM

In favour Joint Stock Company "Russian Railways"

Account № 40702840500001003001

EUR:

Commerzbank AG	D-60261Frankfurt/Main,Germany
S. W. I. F. T. Code:	COBADEFF
ACC	400886996800EUR of TRANSCREDITBANK,Moscow,Russia
S. W. I. F. T. Code:	TRCDRUMM
	In favour Joint Stock Company "Russian Railways"
	Account № 40702978100001003001
Deutsche Bank AG	Taunusanlage 1 2 , 60325 Frankfurt / Main , Germany
S. W. I. F. T. Code:	DEUTDEFF
ACC	100-947183000 of TRANSCREDITBANK, Moscow,Russia
S. W. I. F. T. Code:	TRCDRUMM
	In favour Joint Stock Company "Russian Railways"
	Account № 40702978100001003001
VTB Bank (Deutschland) AD	
	Walter-Kolb-Strasse 13, 605594 Frankfurt am Main,Germany
S. W. I. F. T. Code	OWHBDEFF
ACC	0104211396 of TRANSCREDITBANK, Moscow,Russia
S. W. I. F. T. Code:	TRCDRUMM
	In favour Joint Stock Company "Russian Railways"
	Account № 40702978100001003001

CHF：

CREDIT SUISSE

	Paradeplatz 8, PO Box 100, 8070 Zurich, Switzerland
S. W. I. F. T. Code：	CRESCHZZ80A

ACC

	0835-0587123-83-003 of TRANSCREDITBANK, Moscow, Russia
S. W. I. F. T. Code：	TRCDRUMM In favour Joint Stock Company "Russian Railways" Account № 40702756500001003001

——对罗铁(货)

收款人：	罗马尼亚国有铁路货运公司 Societatea Nationala de Transport Feroviar de Marfa CFR Marfa SA
收款人地址：	布加勒斯特(一区)，吉尼库·高利斯库林荫道 38 号/Bl Dinicu Golescu, nr. 38, sektor 1, Bucuresti
收款人银行：	BANC POST S. A. , Sucursala PALAT CFR SWIFT：BPOSROBU
银行地址：	布加勒斯特(一区)，吉尼库·高利斯库林荫道 38 号/Bl Dinicu Golescu, nr. 38, sektor 1, Bucuresti
EUR IBAN 代码：	RO94 BPOS 7040 2775 620EUR01
CHF IBAN 代码：	RO30 BPOS 7040 2775 620CHF02
USD IBAN 代码：	RO41 BPOS 7040 2775 620USD01

"邮政银行"主要代理银行账户：

USD	JP Morgan Chase Bank American Express Bank SWIFT CODE：AEIBUS33 Citibank NA SWIFT CODE：CITIUS33
EUR	Commerzbank AG SWIFT COBADEFF Deutsche Bank AG， SWIFT：DEUTDEFF
在法国	Credit Lyonnais SWIFT：CRLYFRPP
CHF	
在瑞士	UBS AG SWIFT UBSWCHZH80A

——对罗铁(客)

收 款 人：	SOCIETATEA NATIONALA DE TRANSPORT FEROVIAR DE CALATORI《CFR CALATORI》SA
收款人地址：	Bucuresti，B-dul Dinicu Golescu，nr. 38，Sektor 1
收款人银行：	BANC POST - SUCURSALA《PALAT CFR》 SWIFT：BPOSROBU
银行地址：	Bucuresti，B-dul Dinicu Golescu，nr. 38，Sektor 1
IBAN 代码：	EUR：RO79 BPOS 7040 2775 785 EUR01 USD：RO26 BPOS 7040 2775 785 USD01 CHF：RO42 BPOS 7040 2775 785 CHF01
银行：	BANC POST - SUCURSALA《PALAT CFR》
银行地址：	Bucuresti，B-dul Dinicu Golescu，nr. 38，Sektor 1

SWIFT：BPOSROBU

——对斯洛伐克铁路货运股份公司(斯[货]铁)

收款人：	Železničná spoločnost′ Cargo Slovakia，a. s. (ZSSK CARGO) ÙSEK EKONOMIKY A FINANCII
收款人地址：	Železničná 1，042 72 Košice 斯洛伐克共和国
银行：	TATRA BANKA，a. s.
收款人银行地址：	Hlavná 108， 040 01 Košice， 斯洛伐克共和国

EUR：

账号：	2622111134/1100
IBAN 代码：	SK52 1100 0000 0026 22111134
BIC/SWIFT：	TATR SK BX

CHF：

账号：	2527110002/1100
IBAN 代码：	SK58 1100 0000 0025 2711 0002
BIC/SWIFT：	TATR SK BX

USD：

账号：	2824110041/1100
IBAN 代码：	SK63 1100 0000 0028 2411 0041
BIC/SWIFT：	TATR SK BX

——对塔吉克斯坦铁路(塔铁)

USD：

Beneficiary：	TAJIK RAILWAY

Beneficiary accountant:	20206840816900000033
Beneficiary bank:	ORIENBANK,Dushanbe,Tajikistan SWIFT CODE:OTJK TJ22 Account 36112549 UNIV-ID-364244
Correspondent bank:	CITIBANK,N. A. ,New York,USA SWIFT CODE:CITIUS 33

EUR:

Beneficiary:	TAJIK RAILWAY
Beneficiary accountant:	20206978416900000033
Beneficiary bank:	ORIENBANK,Dushanbe,Tajikistan SWIFT CODE:OTJK TJ22 Account 400886660000 EUR
Correspondent bank:	COMMERZBANK,FRANKFURT AM MAIN SWIFT CODE:COBADEFF

——对乌兹别克斯坦铁路国家铁路股份公司(乌[兹]铁)

USD:	National Bank for Foreign Economic Activity of the Republic of Uzbekistan SWIFT CODE:NBFA UZ 2X CHIPS UID:317699
Correspondent account of the Mirobod Branch:	100111
Correspondent account of the National Bank for Foreign Economic Activity of the Republic of Uzbekistan	CITIBANK N. A. NEW YORK. N. Y. SWIFT CODE:CITI US 33 DATK《O′zbekiston temir yo′ l kompaniyasi》: Toshkent sh. ,100060,T. Shevchenko,7 MFO 00875 INN 201051951 20210840900600315010

CHF:	National Bank for foreign Economic Activity of the Republic of Uzbekistan SWIFT CODE:NBFA UZ 2X CHIPS UID:317699
Correspondent account of the Mirobod Branch:	100111
Correspondent account of the National Bank for Foreign Economic Activity of the Republic of Uzbekistan	CREDIT SUISSE FIRST BOSTON, ZÜRICH,SWITZERLAND # 0835-902011-93 SWIFT CODE:CRES CH ZZ 80A DATK 《O'zbekiston temir yo'l kompaniyasi》: Toshkent sh. ,100060,T. Shevchenko,7 MFO 00875 INN 201051951 20210756000600315005
EUR	National Bank for foreign Economic Activity of the Republic of Uzbekistan SWIFT CODE:NBFA UZ 2X CHIPS UID:317699
Correspondent account of the Mirobod Branch:	100111
Correspondent account of the National Bank for Foreign Economic Activity of the Republic of Uzbekistan	DEUTSCHE BANK AG, FRAKFURT AM MAIN,GERMANY SWIFT CODE:DEUT DE FF ACC. NUM. 9498569 DATK 《O'zbekiston temir yo'l kompaniyasi》: Toshkent sh. ,100060,T. Shevchenko,7 MFO 00875 INN 201051951 20210978500600315002

——对乌克兰国家铁路管理总局(乌[克]铁)

收款人： STATE ENTERPRISE "UKRAINIAN STATE CLEARING CENTRE OF INTERNATIONAL TRANSPORTATION"
5,UMANSKAYA STR,
KIEV,UKRAINE,03049

CHF：

代理银行
(Intermediary bank)： UNICREDIT BANK AG,80333
MUENCHEN,Germany
Swift code HYVEDEMM

收款人银行
(Beneficiary bank)： Acc. 68612454
PJSC Express-Bank,Kiev,Ukraine
Swift code EXPBUAUK

收款人
(Beneficiary)： Acc. 260000005341. 756

EUR：

代理银行
(Intermediary bank)： UNICREDIT BANK AG,80333
MUENCHEN,Germany
Swift code HYVEDEMM

收款人银行
(Beneficiary bank)： Acc. 69110223
PJSC Express-Bank,Kiev,Ukraine
Swift code EXPBUAUK

收款人(Beneficiary)： Acc. 260000005341. 978

USD：

代理银行
(Intermediary bank)：**CITIBANK N. A**，
111，Wall St. /Fl. 9/Zonel New York，
NY 10043，USA
Swift code CITIUS33

收款人银行
(Beneficiary bank)：Acc. 36128508
PJSC Express-Bank，Kiev，Ukraine
Swift code EXPBUAUK

收款人(Beneficiary)：Acc. 260000005341. 840

——对捷克铁路股份公司(捷铁)

收款人：**České dráhy，a. s.**

收款人地址：Praha 1，Nábřeží L. Svobody 1222，
PSČ 110 15

工商注册代码：70994226

支付人增值税代码—税务登记号码：
CZ70994226

收款人银行：**Československá obchodní banka，a. s.**
Praha
S. W. I. F. T. ：CEKOCZPP

欧元账户：208005206/0300
IBAN：CZ18 0300 0000 0002 0800 5206

其他外汇账户：100363431/0300
IBAN：CZ72 0300 0000 0001 0036 3431
17878493/0300
IBAN：CZ73 0300 0000 0000 1787 8493

——对捷铁(货)

收款人： **ČD Cargo，a. s.**

收款人地址： Praha 1，Nábřeží L. Svobody 1222，PSČ 110 15

工商注册代码： 28196678

支付人增值税代码—税务登记号码：

CZ28196678

收款人银行： **Československá obchodní banka，a. s.**

Praha

S. W. I. F. T. ：CEKOCZPP

欧元账户： 10041280/0300

IBAN：CZ26 0300 1712 8003 0910 0413

其他外汇账户： 10041010/0300

IBAN：CZ40 0300 0080 1003 0910 0413

——对“爱沙尼亚铁路”股份公司(爱铁)

CHF：

PAY THRU： CREDIT SUISSE (FB)，ZÜRICH

SWIFT CODE：CRES CHZZ 80A

BENEFICIARY BANK： SWEDBANK AS

SWIFT CODE：HABA EE 2X

BENEFICIARY： EESTI RAUDTEE AS

ACC：EE24 2200 2210 1046 2718 CHF

EUR：

PAY THRU： DEUTSCHE BANK，FRANKFURT

SWIFT CODE：DEUTDEFF

BENEFICIARY BANK： SWEDBANK AS

	SWIFT CODE：HABA EE 2X
BENEFICIARY：	EESTI RAUDTEE AS
	ACC：EE24 2200 2210 1046 2718 EUR

USD：

PAY THRU：	BANKERS TRUST，NEW YORK
	SWIFT CODE：BKTR US 33
BENEFICIARY BANK：	SWEDBANK AS
	SWIFT CODE：HABA EE 2X
BENEFICIARY：	EESTI RAUDTEE AS
	ACC：EE24 2200 2210 1046 2718 USD

附件 4

按格式 13 编制结算表的铁路

结算表由下列铁路编制：

中国铁路(中铁)——编制同白、朝、蒙、波、罗、越、爱、阿(塞)、格、吉、拉、摩、塔、乌(兹)、土各路进行清算的结算表；

朝鲜铁路(朝铁)——编制同白、蒙、波、罗各路进行清算的结算表；

"拉脱维亚铁路"国家股份公司(拉铁)——编制同阿(塞)、白、格、哈、立、吉、摩、波、俄、塔、土、乌(兹)、乌(克)、爱(和亚[美])各路进行清算的结算表；

蒙古铁路(蒙铁)——编制同保、波、罗三路进行清算的结算表；

"俄罗斯铁路"股份公司(俄铁)——编制同阿(塞)、保、越、中、朝、蒙、塔、吉各路进行清算的结算表；

乌克兰国家铁路管理总局(乌[克]铁)——编制同中、朝、蒙三路进行结算的结算表；

"乌兹别克斯坦铁路"国家铁路股份公司(乌[兹]铁)——编制同阿(塞)、土两路进行清算的结算表。

附件 5

编制对账单的铁路

白俄罗斯铁路(白铁)——编制同阿(塞)、匈、保、格、吉、拉、立、摩、蒙、波、俄、罗(货)、斯(货)、塔、乌(克)、爱各路进行清算的对账单；

"保加利亚国家铁路"控股公司(保铁)——编制同阿(塞)、白、匈、格、拉、立、摩、波、罗(货)、罗(客)、斯(货)、塔、乌(克)、捷、爱各路进行清算的对账单；

"匈牙利国家铁路"股份公司(匈铁)——编制同阿(塞)、白、格、拉、立、俄、罗(客)、斯(货)、塔、乌(克)、爱各路进行清算的对账单；

"格鲁吉亚铁路"有限责任公司——编制同俄铁进行清算的对账单；

"哈萨克斯坦铁路"国有股份公司(哈铁)——编制同阿(塞)、白、保、匈、格、伊、中、吉、拉、立、摩、波、俄、罗(货)、斯(货)、塔、乌(兹)、乌(克)、捷、爱各路进行清算的对账单；

"国有吉尔吉斯斯坦铁路公司"国家企业(吉铁)——编制同阿(塞)、白、保、匈、格、哈、朝、拉、立、蒙、摩、波、俄、罗(货)、斯(货)、塔、乌(克)、捷、爱各路进行清算的对账单；

中国铁路(中铁)——编制同哈铁进行清算的对账单；

"拉脱维亚铁路"国家股份公司(拉铁)——编制同阿(塞)、白、保、匈、格、哈、吉、立、蒙、摩、波、俄、罗(货)、斯(货)、塔、土、乌(兹)、乌(克)、捷、爱各路进行清算的对账单；

"立陶宛铁路"股份公司(立铁)——编制同阿(塞)、白、保、匈、格、哈、吉、拉、摩、波、俄、罗(货)、斯(货)、塔、乌(兹)乌(克)、捷、爱各路进行清算的对账单；

蒙古铁路(蒙铁)——编制同阿(塞)、白、格、吉、立、塔、乌(克)各路进行清算的对账单；

"波兰国家铁路"股份公司(波铁)——编制同阿(塞)、白、保、匈、格、吉、拉、立、摩、俄、罗(货)、罗(客)、斯(货)、塔、乌(克)、捷、爱各路进行清算的对账单；

“俄罗斯铁路”股份公司(俄铁)——编制同阿(塞)、白、匈、格、哈、拉、立、摩、波、罗(货)、斯(货)、塔、土、乌(兹)、乌(克)、爱各路进行清算的对账单；

罗马尼亚铁路(罗[货]铁)——编制同阿(塞)、白、保、匈、格、哈、吉、拉、立、摩、波、俄、斯(货)、乌(兹)、乌(克)、捷、爱各路进行清算的对账单；

“斯洛伐克铁路货运”股份公司(斯[货]铁)——编制同阿(塞)、白、保、匈、格、哈、吉、拉、立、摩、波、俄、罗(货)、罗(客)、塔、土、乌(兹)、乌(克)、爱各路进行清算的对账单；

乌克兰国家铁路管理总局(乌[克]铁)——编制同阿(塞)、白、保、匈、格、哈、吉、拉、立、摩、波、俄、罗(货)、斯(货)、塔、土、乌(兹)、捷、爱各路进行清算的对账单；

“乌兹别克斯坦铁路”国家铁路股份公司(乌[兹]铁)——编制同阿(塞)、白、保、匈、格、哈、吉、拉、立、摩、波、俄、罗(货)、斯(货)、塔、乌(克)、爱各路进行清算的对账单。

“捷克铁路”股份公司(捷铁)——编制同阿(塞)、白、保、匈、格、哈、立、拉、立、摩、波、俄、罗(货)、罗(客)、斯(货)、塔、乌(克)、爱各路进行清算的对账单；

“爱沙尼亚铁路”股份公司(爱铁)——编制同阿(塞)、白、保、匈、格、哈、吉、拉、立、摩、波、俄、罗(货)、斯(货)、塔、乌(兹)、乌(克)、捷各路进行清算的对账单。

附件 6

相互债务清偿协议

______**铁路**(______)、______**铁路**(______)、
(代码)　(代码)

______**铁路**(______)**间**
(代码)

20　年　月　日，______

依照《国际旅客联运和铁路货物联运清算规则协约》第 1 条和《国际旅客联运和铁路货物联运清算规则》第 4.4 项，下列各方：

______**铁路**以根据______开展工作的______为代表；
(代码)　(职务和姓名)

______**铁路**以根据______开展工作的______为代表；
(代码)　(职务和姓名)

______**铁路**以根据______开展工作的______为代表；
(代码)　(职务和姓名)

根据：

a)______签署的______铁路与______铁路间国际铁路联运相互清算协议(协定)；
(日期)　(代码)　(代码)

b)______签署的______铁路与______铁路间国际铁路联运相互清算协议(协定)；
(日期)　(代码)　(代码)

c)______签署的______铁路与______铁路间国际铁路联运相互清算协议(协定)；
(日期)　(代码)　(代码)

签订本协议如下：

1. ______**铁路**减少了根据本协议序言部分 a 项所产生的
(代码)

______铁路欠______铁路的债务额______。
(代码)　(代码)　(款额应大写)

2. ______**铁路**减少了根据本协议序言部分 b 项所产生的
(代码)

______铁路欠______铁路的债务额______。
(代码)　(代码)　(款额应大写)

3. ______**铁路**减少了根据本协议序言部分 c 项所产生的
(代码)

________铁路欠________铁路的债务额________。
（代码）　　　　（代码）　　　　（款额应大写）

4. 本协议由各方自愿编制，签署人对协议文本和后果清楚明了。

5. 本协议是签署该协议的铁路机关在财务会计报表中作相应债务清偿记录的依据。报表中的记录将截止到本协议生效当月的最后一日。协议生效后，对于本协议旨在偿清的债务，各方不得再相互提出赔偿请求和要求。

6. 本协议由序言中列载的所有参加方签署，并自最后一方在协议文本上签字之时起生效。

7. 本协议用俄文（中文）写成，一式……份，每方各执1份，每份具有同等法律效力。

8. 本协议各方**法定地址**：

________铁路：
（代码）

________铁路：
（代码）

________铁路：
（代码）

9. **签字**：

________铁路代表 （代码）	________铁路代表 （代码）	________铁路代表 （代码）
____________ （签字）	____________ （签字）	____________ （签字）
20　年　月　日	20　年　月　日	20　年　月　日
公章	公章	公章

记载事项

出 版 说 明

《国际旅客联运和铁路货物联运清算规则协约和清算规则》是铁路合作组织(铁组)范围内制定的国际铁路联运基本规章之一,用铁组正式语文中文和俄文写成,两种文本同等作准,在条文解释上发生分歧时,以俄文本为准。

《国际旅客联运和铁路货物联运清算规则协约和清算规则》在国内由铁道部国际合作司负责解释。

本版本由王国君、尹琼瑶审校。